別讓你的善良為愚蠢買單

謝可慧 著

可以什麼都沒有，
但一定要有態度。
因為你的態度，
決定別人對你的態度，
是成年人，
就要成為有血、有肉、有腦子的人，
就要懂得有血、有肉、有腦子地活著。

我更願意成為這樣的家長：
給予選擇，也給予方向；
給予愛，也給予自由，不勉強，不倉促；
成年之前，教他學會選擇，成年之後，讓他自己選擇；
努力地讓他成為一個自己喜歡的人。

願每一個女人，
有甘心做綠葉般的配角的付出，
也有馳騁山川的主角的本事。

我們在愛中總是百般動情，
也在不愛中百般傷心，
曾經的我們以為分手就是天塌了。
後來才發現，
若干年後，
都不足掛齒。

目錄

chapter 1

最高級的成熟在於自身修養

成熟無關年齡，更重要的是，你對這個世界的態度。

chapter 2

時間能治癒的，是願意自救的人

最好的感情，不是以愛之名互相折磨，而是給彼此以陽光。

chapter 3

別讓你的善良為愚蠢買單

善良很珍貴，但沒有保護自己的盔甲，就是軟弱與委屈。

chapter 4

女人越獨立，婚姻越自由

別在他人身上找存在感，獨立的靈魂比什麼都重要。

chapter 5

聰明的父母，從不向孩子訴苦

父母的影響力，關乎孩子一生。你才是孩子的起跑線。

無論如何，
你要喜歡走過的路，
看過的風景，
因為它們都會成為你有生之年最好的回憶。

前言

江南的城市常常有風，起風的時候，我會走到窗台。這是我多年雷打不動的寫作習慣。

在很多人眼裡，我是一個平鋪直敘的人，沒什麼大起大落，甚至說來，人生過於順遂，甚至有點寡淡。

上大學，畢業，然後又在畢業那年順利考上公務員，公務員期間在職深造。別人還在奔波的時候，我的一錘定音顯得那麼快。可是，外面的平靜只是外面的平靜，我依舊覺得，自己還是在不斷地馳騁著。

就像有一年，我一個朋友說：「從來覺得妳都是安安靜靜的，卻不知道平靜的生活，也可以很精采。」

是。

我在西班牙街頭，一個人喝過酒，吃伊比利亞火腿片，在街頭聽搖滾。

我在柬埔寨一個漁村的村長家吃飯，和他們吃剛從河裡釣來的魚，很腥但非常新鮮。

我也到過澳洲，和紐西蘭籍的兩個阿姨一起喝咖啡，談天說地。

可在二十五歲那年，我相過整整一年的親，見了幾十個男人，自己也成過待價而沽的商品。

我也曾經收到過很多退稿信。

我曾經也想去一家小公司實習，他們拒絕了我，他們覺得我長得太年輕。

現在呢，我有了自己的先生，以及孩子。先生是空軍，只對我浪漫。

我在紙媒最後的黃金時代成為了專欄作者，現在也是女性自媒體創業人。

然後，我去過很棒的廣告公司，在國營企業有過驕傲的業績。

一個人的人生就是巨大的故事冊和相冊，寫作成了我最好、也是最動人、直觀的愛好。

在寫作十多年的時間裡，我還是一直在不停地自我懷疑，比如，我到底是為了什麼而寫，到底為了什麼而活著。

然後有一年，父親翻開我幼年時寫的第一篇作文給我看的時候，他說：「我特別喜歡妳這種乾淨純粹的方式。」

我看了那篇文章，竟然感動得掉眼淚。論文筆、論格調都完全沒有，唯一有的，大概是那份最純粹的感情。

每一段真情實感的寫作，都值得被記錄，也是從那一刻起，我知道，所有編造的故事都不如生活中採擷的靈感。

你對一段生活有感情，你的文字才有感情；你對一段日子有認同，你的文字才有光芒。

好的寫作一定是獨一無二、有意思的；一定是新鮮的，恨不得掐了吃的；也一定是有趣的，在某時某刻想起來，依舊高興不已的。

我常常覺得我最好的時刻，就是寫作的時刻。

那一刻，我的思緒在奔跑，奔跑到我想去的地方；我的能量在爆發，像一個小宇宙閃閃發光；我也變成了我，好看的，只屬於自己的我。

我對成名不抱任何期望，每一個人最大的價值，就是你喜歡此時此刻的自己，而所有人也看著你，像風景。

成功是偶然的，但活得好卻是每個人都可以的。

希望我有自己的光芒，正好也是你喜歡的那一束。

我在找你，剛好有你，這樣的感覺，真好。

謝可慧

二〇一七年五月

chapter 1

最高級的成熟 在於自身修養

成熟無關年齡，
更重要的是，
你對這個世界的態度。

你的努力，不是你炫耀的資本

一個人真正的成熟是什麼？

是不動聲色地像個大人？還是悄無聲息地成為自己？而我想說，最高級的成熟，永遠是不把自己的努力掛在嘴邊。

老闞，可能是我身邊讓我最佩服的女孩，在她的身上，你永遠可以看到一種熱氣騰騰的韌勁。

不到三十歲，成為創業公司的合夥人；一個人獨闖天涯，拋掉了「富二代」的帽子；在我的心中，這個九〇後女孩，始終保持著特有的沉穩和見過世面的低調。

她白天在商場和各種客戶過招，晚上又學習到深更半夜。

或許也應了一句話：「很多時候，有些人年輕的只是容顏，有些人成熟的也只是年紀而已。」

老闞屬於前者。

老闞在電話裡的說話節奏總是很快。每次連珠炮，最後問妳一句：「妳說，為什麼會這樣？」她又哪裡需要我回答，只不過一個人壓抑久了，就需要地方發洩，大概如此。

老闆嘴邊總是掛著一句話：「哪有扛不過去的事，分明只有扛不過去的自己。」

一年多前，她給我講了一個故事。前些天，一個客戶，五十多歲，進來就跟她大談特談自己艱苦的創業史。大意是，自己以前多貧寒，經過了多大的努力，才有了今天。

老闆心想：誰不努力呢？我一做完月子就上班了，我也沒覺得辛苦啊。不是所有工作都是自己的選擇嗎？

又過了一會兒，這個客戶開始擺出一副能跟他們合作妳該多榮幸的樣子，不停地說自己的努力，以後他們的品牌上升空間會有多大。誰都明白，他不過是想讓老闆降價，並心甘情願。

老闆拒絕了這一次合作，她知道，她拒絕的，是幾百萬的成交額。不過她不在乎，一個公司，除了要業績，也要水準，更要骨氣。

「我知道，你們的品牌不錯，所有來和我們談合作的品牌，都差不到哪裡去。但是，每一個產品都有它的調性和欣賞它的人。」老闆把這句話告訴我的時候，我簡直覺得，她所有走過的路，都沒有白走。

但她的重點並不是這一句。而是她覺得，一個人只有不把自己的努力掛在嘴邊，才是真正的成熟。

「妳說，一個五十多歲的人，還把自己的努力掛在嘴邊，有意思嗎？真正努力的人，永遠沒時間跟人去談論自己有多努力。」

她的語氣近乎激動：「妳說，誰活著是容易的？誰不是每個晚上懷疑自己的生活？有時，我累到哭瞎，第二天早上還是精神抖擻地出現在辦公桌前，和所有人交鋒。誰不是每次筋疲力盡想放棄的時候，還是咬咬牙像個戰士一樣衝上前去呢？

「我每次生理期來，都是一邊冒汗一邊工作，可我也不會告訴別人我多累；我十月懷胎一直工作到產前最後一刻，我覺得都是正常的；我產假休息了一個月，怎麼說呢，其實連月子都沒坐好，很多人說我不珍惜自己的身體總有一天要吃虧，可是，我也沒辦法。我就是覺得你努力都是為了自己，你有什麼覺得好像吃了虧，四處炫耀？」

後來，老闆和我說，那天跟我對話的時候，他們正面臨著又一次融資，而她，其實已經三天三夜沒有合眼了，焦慮到崩潰，又無處可說。

或許，沒有誰的生活是容易的。

她出門開頂級的車，住著大別墅，在所有同學還在為別人工作的時候，她已經有了很多雇員，別人稱她為boss，她看上去過得很瀟灑，而這一切，也只有她一個人懂。

記得有一年，許多朋友聚會的時候，有人問她，老闆，妳為什麼還是和從前一樣，一副笑語盈盈，永遠也沒有憂愁的樣子。

她說：「吃飯的時候，心情是明媚的，哪怕工作的時候，是惆悵的。」

我公務員辭職之前，去和她見過面，在她的辦公室裡，我那時在想，真大啊。她桌邊高高疊起的文件，和時不時打斷我們說話的電話，雖然沒有影響我們的心情，可終歸，還是讓我望見了多年以後的自己。

她說：「真是恭喜妳啊，終於走上創業這條不歸路。」

「妳後悔創業嗎？」我問她。

她說：「不後悔。沒有什麼可以去計較的，人生總是不圓滿的，得到也會失去，只要得到比失去多，就已經足夠了。」

我走的時候，她拍了拍我的肩膀，這個比我還小幾歲的女孩，儼然一副師長的樣子。

一直到今天，我都很少跟人說「我很努力，也很辛苦」這樣的話。不是沒有意義，而是覺得有些矯情。別人說你很好真的重要嗎？重要的，或許是，自始至終自己都一直在成長。

一個人真正的成熟，就是一切了然於胸，一切都覺得水到渠成而已，包括努力，也包括驕傲生長的自己。

為什麼有辨識度的人，更容易成功？

1

畢業季後的Shelly依舊忙碌，作為ＨＲ（人資），永遠埋在一堆簡歷裡。比如，前些日子我去找她，她的桌子上厚厚一疊的簡歷，高高聳在空氣裡。我推門進去的時候，只覺得根本望不到這個瘦小的女人。

Shelly又是泡咖啡，又是從冰櫃裡拿出甜點，忙碌中問我：「明天要準備面試，所以今天下午就會通知全部入圍面試的人。說吧，什麼事？」

我起身準備走，老實說，這次登門拜訪，也是想與她談談關於我一個剛畢業的親戚求職的事。顯然，今天，我來得並不是時候。

看出我的為難，Shelly說：「沒事，我來得及。兩個小時內看完一百五十多份簡歷，並挑選出最合適的十個人來面試，聽起來是不是很快？」Shelly隨手拿了幾本，「這些簡歷，我五分鐘就可以全部看完。我們從來不需要畢業生用十頁紙書寫你二十多年學生生涯的光輝史，大學生，能寫的實在太多了。我們需要的是，一份有辨識度的簡歷，一段有辨識度的經歷，一個有辨識度的人。在茫茫人海中，讓我能夠一眼望到，並記住你，就是辨識度。而他的辨識度，就是客戶對我們公司的辨識度。」

顯然，以Shelly毒辣的眼光，我自然是不可能沒事在夏天的驕陽下開半個多小時的車來看她。我說明來意。Shelly說：「可以，拿他的簡歷來。不過妳能不能告訴我，他的亮點是什麼？」

我想了想，還真沒有。只是怕陷入僵局，我說：「聰明，人機靈。」

這個世上機靈的人太多了。Shelly笑著說：「等簡歷過來了以後再看吧。」

我的朋友圈子裡就是這樣，談交情談風月，也談錢，談要求，感情與工作涇渭分明，我喜歡這樣的方式。

其實，聽到剛才Shelly的描述，我大概知道了結果，沒有辨識度，拿什麼去與人較量？

2

不知道你有沒有發現，周圍那些有辨識度的人，好像格外容易獲得各種機會！

你們走在一起的時候，最引人注目的，一定是那個有辨識度的人！

你們聚會的時候，別人記住的也是那個最有辨識度的人！

你們面試工作的時候，有辨識度的那個人總是脫穎而出！

你們總是在對比中發現自己也並沒有差以千里，長相、學歷、身高、家境，但在大浪淘沙的世界裡，命運總是格外眷顧那個格外有辨識度的人。

什麼是辨識度？辨識度，不代表你非得有傾國傾城的美貌，非得有足夠的海拔鶴立雞群，當然，更不代表你非得聰明絕頂。辨識度，是你給人的感覺，是獨一無二的，是他從來沒有遇見過的，是你在茫茫人海中，只要你在，就可以找到你。

3

我記得有一篇文章叫〈小說的辨識度〉，裡面寫到一個人物馬奎斯。文章中，有一段話是：

小說某種程度上跟歌手的嗓音一樣，好的小說必須具備一定的辨識度。這個辨識度可以是區別於其他作者的敘事味道，也可以是作品呈現出來的開闊性和豐富性，當然也可以是文本體現出來的獨特的世界觀和價值觀。馬奎斯的小說瀰漫著他獨特的氣息，這種氣息可以被感知，但不會輕易被模仿，也就是說這種敘事是「馬奎斯式」的。

其實，也不僅僅是小說需要辨識度，人也是一樣。

為什麼要有點辨識度？

因為我們太容易平凡，太容易有瑕疵，太容易不完美，所以我們不得不讓自己有點辨識度。芸芸眾生，多麼不易。你的辨識度，某種意義上，就是你的競爭力。它不是背道而行於社會，也不是冷眼刺傷一切，而是活出自己的感覺，有自己走路的樣子，有屬於自己的氣質，有自己說話的腔調，有自己處事的風格，然後殺出重圍。

其實也對，世界上優秀的人那麼多，不優秀的人也那麼多，如何讓別人找到你，讓好運找到你，好像只有辨識度，也唯有辨識度。

4

辨識度，不是你非得花枝招展，而是弱水三千，你就是別人一眼見到的那一瓢。

我的一個朋友，我喜歡叫他小包。他是一個非常非常忠厚老實的人。

以至於他母親每次見到我母親，總是會說：「這孩子太老實了，妳看，我都擔心他找不到工作，就算找到了工作，我也怕他吃虧啊。」

結果，他大學一畢業就去了一家所有人都垂涎的公司，並順利成為老總的工作秘書。說真的，他母親都傻眼了。

老總有一個生活秘書和工作秘書，一般都會帶著他們兩個一道出去，生活秘書負責瑣事和日常接待，而他負責一些公文業務上的資料。

顯然，生活秘書會更加了解老總的脾性，畢竟除了睡覺，一天起碼十二個小時貼身跟著，有時，生活秘書還陪老總去應酬。顯然，老總看上去與生活秘書更加親密一些。

小包呢，有一種年輕人不服輸的勁兒，也從來不忘記要抓住一切表現的機會。比如喝酒，比如和人插科打諢，小包也覺得很不自然，但為了迅速融入團隊，再生硬的表演，他也會硬著頭皮秀演技。

他說，讓他知道要繼續保持自己的特色，是他實習期轉正時，老總與他的談話。當時老總說：「小包，我招你進來，並不是因為你是最優秀的那一個，而是因為你的身上有年輕人少有的踏實、穩重。每個人成長的方式和途徑都不同，在職場，做自己永遠比表演更引人注目。」

後來，小包對我說：「其實，我當時就領會到了。我們太容易被外界磨平身上的稜角，戴上了和所有人一樣的面具，最後面具長進了身體，成了一模一樣的彼此。而我們的稜角有時恰恰就是最打動人的地方，只要不是尖銳的利器，就不必削平了示人。」

小包現在已經成為公司最年輕的部門負責人。他說：「一個人的身上，最不能抹去的，就是屬於自己的那部分最優質也最亮的特點。你藏著掖著，千萬不要隨手亂丟。所有的辨識度，對你的影響，從來不是一朝一夕，而是日久見心力。」

5

走了一路，也終於成了自己，就不要再一點點剝去自己了。我們要忠於自己的成長，忠於自己走過的路，因為它們拼湊成的自己，獨一無二。

是的，我們要成為一個有辨識度的人，站在人群中，可以不那麼美，但一定要醒目；可以不那麼有個性，但一定要有態度；可以不那麼優秀，但一定要有氣場。

這個世界屬於優秀的人，更屬於那些有辨識度的人。你要相信，幸運從來不會降臨到和別人一樣優秀的你身上，而是會降臨到和別人並不一樣的你身上。

因為，獨一無二就是一種天造地設的難得！

為什麼失敗的人是你？因為你弱

1

為什麼是我？女孩咆哮著，這不公平！

二十二歲那年，我看到一個女孩被辭退。那個夏天，這個女孩的離開，成了巨大的驚雷。

職場的殘酷，就在於，一切都在悄無聲息地進行，甚至來不及準備，就已經丟給了一個結果。那一天，她收到了一封辭退信，還有一個裝著遣散費的信封。

我實習的公司是一家大公司，薪資待遇都很不錯。換言之，對於年輕人來說，大學畢業後能夠入職，是一份有面子的工作。許多員工一做就是十多年，而辭職率也很低。

那個女孩被辭退的時刻，沒有人抬頭，所有人都盯著電腦，佯裝做事，辦公室裡的鍵盤聲劈里啪啦地響。

她彷彿一隻受了傷的小豹，失去了理智。她幾乎是一腳踢開了人事主管的辦公室，或許在她收到辭退通知的那一刻，她已經卸下了所有從前的面具，柔弱也好，無所謂也罷，那一刻，只剩下那一句「為什麼是我」。

人事主管是一個四十多歲的女人，身經百戰，江湖裡混久了，自然應對自如。女孩走出人事主管辦公室的時候，憤怒變成了憂傷，她慢慢地挪動著，拎著包，走出了公司。

是啊，為什麼是妳？

後來在一次早會裡，人事主管說：「你們是不是也很好奇，為什麼被辭退的是她，不是你們中的任何一個人？沒有為什麼，因為在你們之中，她最弱。」

我疑惑，因為印象中，女孩每天都按時上下班，工作算不得勤奮，但也絕對不是最差的一人。

前輩告訴我：「一個優秀的銷售=人脈關係+勤奮工作+談判技巧+人際關係+出勤。職場從來需要的是最優解，當妳的一切平庸無奇，那麼妳也不是無可替代。」

她的離開不是別人造成的，就是她自己。

2

為什麼失敗的總是你？

因為你弱。

大概沒有比這更讓你無法反駁的理由。

《唐頓莊園》裡有一句話是：「當悲劇降臨，我們總想把責任歸咎於他人。如果無人可以指責，我們往往責備自己。」

而我覺得，這個世界從來沒有無緣無故的悲劇，許多悲劇的主導者，其實都是自己。

為什麼身邊有些人，可以理直氣壯地否決上司的方案？

為什麼身邊有些人，看起來不那麼優秀，可是上司卻是一副非他不可的樣子？

為什麼身邊有些人，可以與上司開玩笑，而你卻不可以？

為什麼？

那麼你捫心自問，你是否已經練就了非你不可的能力，是否可以讓上司心悅誠服，是否有絕高的情商運籌帷幄？如果沒有，那麼若世界無情對你，你也不過是怨聲載道而已。

因為你弱，所以世界才敢張牙舞爪地對付你，你被眷顧是幸運，被欺負也啞口無言；因為你弱，所以別人可以任意挑選自己喜歡的一切，把最壞的留給你，也不給你任何解釋的餘地；因為你弱，所以你如履薄冰地活著，也未必能過上自己喜歡的日子。

3

好友Shelly有一間自己的公司，她對員工的評價體系裡：實力第一。

Shelly的公司在業內算是翹楚。她和我說了一個故事。

有一年，她招了兩個新員工。到了年底發獎金的時候，一個女孩比另一個女孩高出一倍。

和一些公司不一樣的是，我們公司所有員工的薪水全部公開，我身為老闆，對每一個員工一視同仁。另一方面，也是想鼓勵大家的積極性。畢竟工作的價值，獎金就是最好的體現方式之一。

獎金少的那個女孩難免會覺得委屈，於是跑來問我，為什麼另一個女孩比她高那麼多？她還說出另一個女孩的缺點，比如上班時間跑下樓去買奶茶，有時會遲到，請假次數比她多，工作態度上遠遠不及她。

她說得非常振振有詞，滿臉的委屈。

我說：「我給妳兩個數據，妳今年的銷售額是兩百七十萬，她今年是六百二十萬，妳覺得呢？」

那個女孩啞口無言。

其實入職的第一天，我就告訴她們，我需要什麼。我需要的是業績，但她還是延續了好學生一貫的聽話思維。

為什麼妳不如她？

很簡單，因為妳弱。

如果一個很聽話的員工，準時上班，準時下班，但卻碌碌無為，一個月做不出業績，我寧願不要。

我希望的員工，就是要有她的獨一無二之處，努力的時候帶著狠勁，休息的時候哪怕懶散到玩遊戲也無妨。

一個全年無休卻沒有任何光芒的，不如一個一半時間在努力、一半時間在玩耍的光芒四射的人。

4

很多時候，我們總是以為自己遭遇的不公、承受的失敗，是因為這個世界的不友好。其實，生活就是這樣，你弱的時候，它會變強，你強的時候，它就變弱。

我們只能變強大，那麼這個世界的主動權才會回到你的手裡。

所有人振臂一呼希望善待弱者，那是別人的教養，而你變得強大，卻是你深入骨髓的力量。

你弱，你沒有機會；你弱，你只能希望別人待你好一點；你弱，別人想幫你，卻無從下手；你弱，所以，真的沒辦法。

《華麗上班族》裡有一句話：「你想知道明天怎樣，就看你今天怎麼下注。」而你今天的努力，真的是為了那個有可能變得強大的自己，而那個自己會讓明天的你過得更好。

你努力，從來不是為了誰，只是為了自己不再成為那棵弱不禁風的、任人指摘的小樹苗而已。

5

你的失敗不是別人造成的，你當下的失敗來自於你自身。

你要鑄造自己的鎧甲，一身無可匹敵；你要有自己的疆土，讓自己無可侵犯；你更要有你的資本，面對世界，有自己的聲音和力量，在你想告訴別人的時候，理直氣壯地讓人無可反駁，也無法讓別人替代。

老實說，生活和天氣一樣，風雲詭譎，你永遠不知道這一刻晴空萬里，下一刻是否狂風暴雨。立在中心的我們，又該怎樣？

是的，世界公平不公平，我們不知道。但我們要知道，除了變強，真的無路可走。

別人過得好不好，關你什麼事

1

我看到一個故事。

一對英國的小夫妻沒什麼錢，結婚前，跑進一家珠寶店，這家珠寶店據說價格很低，一百三十美元就可以訂一個戒指。一百三十美元的戒指當然是買不到克拉鑽的，只要是男人買的戒指，鑽石、銀戒對女人來說並不是什麼大問題。結果，當女人在店裡試戴戒指的時候，店員對她說：「簡直不敢相信有男人會用這麼便宜的戒指來結婚，太悲哀了。」結果，這段經歷就被放到了網上。

那個女孩說，結婚並不一定需要上萬的鑽戒和興師動眾的儀式。

事情的結局是，女人嫁給了那個男人，而珠寶店也道了歉。

我想起一句話，不要用你自己的眼光隨便去評價別人的生活，因為你根本不懂別人的幸福。

2

我們總是有一種習慣，把自己眼中的幸福，定義為別人身上的幸福。於是以為別人不夠幸福，不夠好，不夠完美，也配不上所擁有的一切。

可是，子非魚，焉知魚之樂？你不是他，無法揣測他的人生，或許，在你眼中的幸福，在他的眼中，不過一文不值呢。

不評價別人的生活，因為生活不是你的；不操心別人的生活，是因為別人的路由他們選擇。

我們中的許多人，也常常打著「為你好」、「也希望你幸福」的旗號，但就算你是真情實意的，可是在別人死了心，決定在自己的生活裡安心享受一切的時候，最大的愛意，莫過於不評價，也祝福他們的幸福。

而不評價別人的生活，也是一種最基本的教養。

3

上學的時候，班上總有這樣的同學，學習非常用功，成績卻總是平平，比如老么。

老么是那種很刻苦的女孩子，上課的時候，她總是很認真地聽課；我們下課玩耍的時候，她還是在做題目；我們所有人自修結束後去食堂買消夜，她非得等到最後值班老師來叫她了，她才走；我們所有人熄燈睡覺的時候，她還是照著手電筒，在被窩裡讀書。

可是，天賦比努力更重要，很多時候，我們努力學習，只會比不努力的自己學習好一點，但未必比其他不努力的同學優秀。

於是，總有那麼一些人在背後說：「你看看她，如果我是她，才不想那麼認真，永遠是中間水準，一點指望都沒有。」當然，一些好學生也很漠然，他們總是有意無意地表現出優越感，說：「不是所有認真都可以有成績的，還是得有天賦。」

老么依舊我行我素。我不算她的好朋友，但算是關係還可以的同學。其實，聽到有人說老么，我內心也會有點悲涼和憤怒：悲涼是認為老么這麼努力卻始終沒有得到她所應該得到的好成績；憤怒，大概是覺得作為學生時代的我們，最大的諷刺，就是被人說那是個不聰明的孩子，而這一切，大概也真的與人無關吧。

老么後來發過一次飆，是因為一個男生得意洋洋地跑到她面前，說：「妳看，努力也沒用。妳這麼努力，還不是和我一樣不及格嗎？」那一次物理很難吧，很多人都不及格了，包括老么。

老么站起來，很平靜地站在那個男生面前，說：「我努力學習得罪你了嗎？你有什麼資格評論別人？我今天是不及格了，但我就是喜歡努力，我覺得問心無愧。」

老么說得很有底氣，若干年後，她成了一個公司的ＨＲ，專業培訓員工，她說，她對每一個認真的員工都抱有最深的敬意，對每一個人的生活都絕對地尊重。

她還說：「那年的事，其實對我改變滿大的。一直到現在，工作之外，我都不會去隨便評價任何一個人的生活。因為每個人對自己的生活方式有自己的定義。一個人最大的惡意，就是把自己的理解強加於別人，把所有的結果理所當然地用自己的過程來解釋，並一直認為自己是正確的。」

4

不評價別人是一種修養，不理會別人的評價是一種修行。

感情生活和日常生活，都是如此。

我常常聽到這樣的交談，諸如：「你看，她年紀那麼大了，不知道為什麼還不肯嫁」、「你看她條件那麼好，為什麼跟了這樣的人」，我很想問問他們：「別人的生活，你到底有多少資格去評價啊？」

我閨密結婚的時候，所有人都不看好。在大家眼中，她是個白富美，可是偏偏嫁給了一個根本就買不起房子，也買不起車子的人。

她父母倒是開明。可許多親戚不理解，有些人說，這是腦子發昏了才會有這樣的結果。鄰居更是七嘴八舌地議論，認為她是不聽別人勸，以後就危險了。

閨密雖然心煩，可是她看得開。如今，她和自己的先生一起創業，房子、車子也都有了。

有一次，閨密和我說：「有人問我，如果我現在依然沒房沒車，該怎麼辦？我說，最差也差不過當年，既然當年都能在一起，現在為什麼不可以呢？他們總覺得我會不幸，我覺得，幸福的感覺都是自己的，與別人無關。」

5

其實，別人過得好不好，選擇怎樣的生活，都是別人的選擇。

你看得慣也好，看不慣也好，也是別人的生活。

總有人說，你得強大啊，強大到忽略別人而已。可是，別人能不能忽略你的評價是別人的事，而你不評價別人，是你的教養。

每個人都有自己的邏輯原則，也有自己的處事方式，每個人都有自己的方向，也請拜託，別去遠方指著別人的路，讓別人心煩不已。

不評價別人的生活，是一個人最基本的教養。

畢竟你有你的人生要過，別人也有別人的路要走。

放心吧，你沒想像中那麼重要

1

最近我因為身體不好，去醫院看病。醫生倒也提出中肯的建議，待囊腫的炎症消除後，再讓我來做切除手術。

這件事當然不是重點，重點是我遇到了很久之前的朋友。我們從前關係一直不錯，後來斷了聯繫。我只隱約聽人說，他早已混得風生水起。這一次我們在診間外遇到，算是意外之喜。

江湖中對他的傳言是：一年升職，兩年完成三連跳，深受老闆器重。用最簡單的話闡述，一個兩百多人的公司，已經由他在打理。

他只比我大了三歲，顯然事業有成。他坐在我身邊，明顯可以感受到那種氣場。說真的，一個人成不成功，只要他說兩、三句話，就可以判定他今時今日的位置。

我們寒暄了幾句。他說：「我倒是在朋友圈裡能讀到妳的文章。」

我說：「是嗎？在朋友聚會中一直聽聞你混得很好，也久仰大名了。」

人與人見面，恭維的話總是那麼多，也是過了很久才進入正題，他自己才說起自己的私事，比如他的病。過段時間，他要動個手術。動完手術打算休息一個月。

「是，是要好好休息。可休息一個月，那公司怎麼辦？老闆同意嗎？」我問。其實，說完我就後悔了，我拚命地解釋來掩飾自己的不安，「你對於公司那麼重要，你們老闆能同意嗎？」

他笑了，「妳的顧慮是正確的，但也是天真的，妳把我想像得太重要了。」血脈之緣以外，你真的沒有那麼重要。沒了你，公司照樣好好的。

2

我想到兩年前，我離開原來工作的公司，調到現在的職位上。

公司主管知道我要離職之前的一段時間，一直和我重複一句話：「妳走了，感覺整個公司都快要塌下來了。」他說，他不敢挽留。因為，他尊重每一個年輕人的決定。

自始至終，他在我心中都是一個開明以及溫和的主管。

那時候，我在公司的一個鄉鎮派出所機構工作，基本是全攬在自己身上地承擔了所裡大部分業務工作和日常瑣事。

說真的，離開原來的公司的主要原因，可能是我真的對自己的業務能力沒有底氣，也覺得職位風險較大，雖然主管一直肯定我的業務能力，但像我這樣的處女座，真的很怕在細枝末節中會壓倒自己。

我整理資料的時候，整理出滿滿一個隨身碟，以及幾十項的日常工作。想想自己也對得起這份薪水和身上所謂的職責。但我也會覺得莫名難過和抱歉，還會擔心交接的人能否順利把接下來的工作做好。其實，在一個地方久了，都是會有感情的。人之常情。

後來，先生老陳和我說了一句話，讓我至今印象深刻：「放心吧，不會因為妳走了，這個機構就做不下去了。說白了，妳就是把自己看得太重要了。」

他說得直接又明瞭，話糙理不糙。

兩年後回頭看，公司還是運行正常，生龍活虎。只不過我走之後，又先後去了兩個新同事，我原來的工作分到了三個人身上。

一個人再重要，也只是那時那刻，你在工作之時的重要，而不是從今往後，一直是你。你清晰又明瞭，那顆好用的棋子，可能是決勝的法寶，但絕不是唯一的途徑。

3

生活從來只有你記得你是誰，而你所做的一切，名垂千古少，遺臭萬年也少，大多是在平平常常的日子裡，同甘共苦地活著。

我們真的不能沒有你。

你真的很重要。
沒了你，我們不知道怎麼辦。
這些話，除了父母告訴你，你都沒有太大的必要相信。工作也是，感情也是，從來不是離開了誰，世界就坍塌了的事。你要有盡心盡責的氣度，也要有全身而退的坦然。
世界那麼大，我們都不過是別人眼中的滄海一粟。

4

閨密給我講過一個故事，故事有點殘酷。
她的男鄰居，二十六歲的時候，有一個女朋友，幾乎到了談婚論嫁的地步。簡言之，雙方已經見了家長，計畫第二年結婚的事，就差看日子和訂飯店了。雙方如膠似漆，所有戀人該有的甜蜜勁頭都有。
很不幸，那個男鄰居因為一次車禍，搶救無效死亡。人生最大的痛，莫過於中年喪子，對於男鄰居這個家庭來說，這樣的方式幾乎是摧毀性的。家族的命脈、天倫之樂，統統化為泡影。
男鄰居出殯的時候，女孩哭得傷心，據說好多次差點昏倒。男鄰居的父母也是傷心欲絕，和這個準兒媳婦抱頭痛哭，好多天路過他們家的門口，都可以聽到淒厲的哭聲。人死至悲，大約就是如此。

但三個月後，我們聽說那個女孩有了新的男友，立刻登記結婚。

我並沒有想說這個女孩對愛情不夠忠貞。舊人已去，活下去的意義更加重要一些。

我只是想說，並不是所有人對愛情都有一種視死如歸的獨一無二，比如石評梅對高君宇（民國年間一則跨越死亡與生命的淒美愛情故事）。

芸芸眾生，大多並不是誰真的離不開誰。在一起的時候，好好相處；分開的時候，或許痛徹心扉，但時過境遷，也依舊不過是成了回憶而已。

活下去的方式萬萬千，也不是只有和你在一起這一種。

5

其實，於我們而言，所有的離別，都是終點；所有的離別，時間都會幫你解決；所有的離別，都不必太擔心。

這個世界，每個人都只是放在某處的棋子，棋落棋起，自都有運籌帷幄的辦法。而你，無論如何，都只是那枚棋子，風吹日曬後，人老珠黃。

就做一個獨立的個體吧，活得自然而灑脫，誠實地面對自己，不是為了誰，僅僅是為了成為自己喜歡的樣子。

然後呢，在萬千世界裡，無論你遇到誰，身在哪裡，你都驕傲地知道一件事，你只是你自己而已。

以及，明白最簡單的道理，你，也真的沒有想像中的那麼重要。

你要的安全感，找不到

1

林之離婚後，人和消失了一樣，有兩個多月沒和外界聯繫。前些日子，我接到她的電話，讓我著實有些意外。所以那個晚上，我拋開預定的計畫，只為了赴她的約。

男人確實可有可無，但最壞的結果從來不是他從未到來，而是，妳以為和他一輩子，偏偏就是一陣子。一個三十二歲的女人突然離婚了，心裡就像破了個洞，而自己儼然已經跌入了深淵。

南方的小城很熱，我開車快到目的地的時候，老遠就看到林之。她黑黝黝的，比之前瘦了很多。

「妳從非洲回來的嗎？」我問。

她點點頭。那兩個月，她花了一個月時間難過，一個月時間，一個人去了一趟非洲，去埃及金字塔，也去了原始森林，把自己裸露在高溫下，然後拚命地花錢。

「老謝，」她經常這樣叫我，她又喝酒，和從前一樣，一杯葡萄酒，分三口就喝下，一邊喝，一邊說上勁。「妳看，一個男人要離開妳，真的不需要太多的理由，只要不愛妳了，嫌妳煩了，就可以離開妳。管妳是不是還愛著他。」燈光下的她，沒有落淚，也沒有悲傷。我沒有說話。

我想，她或許只想要一個傾聽者。

「還好，我做得最正確的事，就是有能力讓自己過上衣食無憂的日子，我可以買自己想買的任何東西，去自己想去的地方。妳有沒有記得，我和他在一起的時候，他讓我辭職在家當全職媽媽，他說，妳和我在一起，就是一輩子啊。妳看，結果在半路，他就下車跑了。」

我點點頭。我不知道該怎樣表達自己的情緒，只記得那一年，他真的很愛她，天黑會來接，下雨會打傘，撒嬌的時候又會擁抱，那輛越野車的抱枕上，刻著他們兩個的名字。

那一夜，我們喝到飯館關門。那一年的小女孩，變成了看清世態炎涼的女人；那一年的男孩子，走去了別人的懷抱，那一年的愛情，已經不知去向。

她走的時候和我說：「別人待妳千般好，不如自己給的最放心。真的！」她說完，拍了拍我的肩膀。

那時我的腦海中浮出一句話：「安全感不要找，靠誰也不如靠自己，自己給的安全感，最踏實。」

2

是的，時移事易，世間萬物都會變。落葉枯黃，又何況人心？這一刻以為海枯石爛，下一刻就分道揚鑣；這一刻以為會是永遠，下一刻，或許相忘於江湖。而你，唯一可以確定，不會離開自己的人，就是你自己。

馬斯洛曾經有一個定義，安全感是指「一種從恐懼和焦慮中脫離出來的信心、安全和自由的感覺」。換言之，安全感，就是生理和心理上的安定。

而真正的安全感是什麼？是你可以篤定一件事，就是你跨過大山大海，他（她）依舊和你相依相偎；你無須取悅，更不必討好。

3

人在生理和心理上，都是有需求的。來自家庭、來自父母、來自伴侶、來自工作，當然還來自於自己。而某些時候，安全感等同於幸福感。

其實，我會欽佩那些人，無論貧窮還是富有，無論幸福還是艱險，都知道自己的方向，知道自己該擁抱什麼，然後扛著自己立足社會的資本，去勇敢地搏殺。

4

大學的時候，我去參加拍賣會。舒舒帶我去的。她那年已經畢業，接鉢了家族企業。她參加拍賣會，除了去看看自己喜歡的，更是去開拓自己的交際圈。有錢人的圈子，雖說也見識過一二，但至今也唯有一種感覺，就是你根本買不起的一切，人家就跟你去市場裡買個菜一樣唾手可得。

拍賣會中午有聚餐，一個五十多歲的男子，身邊跟著三十多歲的女人。舒舒和女人笑了笑。

席間，我發現，那個女人總是非常遷就那個男人，幫男人掛衣服，又幫男人擦拭嘴角的飯粒。而那個男人，並不滿意，一會兒趾高氣揚地責怪她沒有帶打火機，一會兒又怪她喝酒喝得少，讓其他老闆不高興了。

後來，散場後，我問舒舒：「這個女人是男人的妻子嗎？」

舒舒點點頭，「第二任。」心知肚明。

舒舒說：「那個時候，我和父親來參加拍賣會的時候，女人還是一個二十多歲的女孩，長得非常好看，開著一家服裝店，打扮得舒服又得體。只是身分並不光彩，但男人追得緊啊。」

中年男人對年輕小女孩是有魔力的，尤其出門在外，她們格外需要寬厚的肩膀和足夠豐盛的物質，來堅定自己的決心。而中年男人有著歲月沉澱的厚重，他們俘獲女孩的芳心輕而易舉。

那一年，男人給女孩挾菜，撩撥女孩的頭髮，走到哪裡都帶上她，據說也送了她一輛豪華轎車。

後來，男人和前妻離婚，就和這個女人在一起了。女人關了店，去了男人的公司。

我一直相信，一個人能否獨立，一定程度上決定了在家裡是否有足夠的話語權，而一個人如果沒有了獨立的資本，某種意義上，所謂的地位和安全感都不過是別人丟給你的禮物而已。

十多年過去了，或許對於一個男人來說，容顏並沒有太大的改變，而對於女人，卻是天天年年的轉變，而女人顯然已經從原來的花容月貌、高傲的小公主俯身變為了他隨意使喚的太太。

後來，我看到，那個男人在拍賣會上支開了那個女的，讓她回飯店睡覺，而自己不停地要留一個漂亮服務生的電話號碼。

先不說這個男人是不是渣男這個問題，這個女人至少就太天真。

舒舒說：「有些時候，把自己所有的賭注下在一個人身上，本身就是一種冒險。愛情、親情、友情都一樣。」她說完之後，倒沒有那麼多氣憤，更多了一些惋惜。

再回到舒舒身上，舒舒這些年的摸爬滾打，儼然已經從「她是王總的女兒」變成了小王總，除了管著她父親的廠，她做外貿，也投資，四面開花。

「你可以利用你的資源，但你想獲得自由和安全，必須靠你自己。」舒舒的這句話，我絕對贊同。

5

我常常有一種感覺，如果有一個人，值得比你自己更值得你相信，那麼，再把安全感交給他。而其實，走過千山萬水之後，你才會發現，自己多一點底氣，便多了對人生的把握，或多或少，而不至於成為附庸，任人喜歡或遺棄。

世間萬物走得快，你又如何知道，自己能不能跟上別人的腳步，而別人又能不能配合你的人生呢？

我們太想要安全感，獲得別人的尊重和世界的主動權了。但你要知道依靠別人都是那時那刻，而依靠自己才是一生一世。

女孩啊，我們可都要明白一件事，就是獨立而美好，在許多人的生活裡，懂得一個人的戰鬥，然後翻山越嶺，然後去看自己想看的風景，然後白髮蒼蒼……

比起做才女，我更要當個花瓶

1

我在一次讀書會的時候，見了很多讀者。

後來，隨行的助理問我：「為什麼有人說妳漂亮和有人誇妳有才華時，妳的表情完全是不一樣的。說得誇張些，說妳漂亮的時候，妳臉部的所有肌肉都是跳動的，那股子高興勁都快躍出來了。」

我也很想與她爭辯，畢竟被人說自己喜歡顏值大於才華，會顯得膚淺。可是我又何嘗能夠違背自己的內心，說自己不愛容貌呢？

最終我還是吞吞吐吐地說出：「是啊，哪個女人不喜歡別人說自己是美女啊，畢竟顏值即正義，誰不想成為人人喜歡的女孩呢？」

我有點小激動。

不過，助理後來偷偷說：「美女所見略同。」

2

很多人不喜歡「花瓶」這個詞語，他們覺得花瓶代表著一無是處，也代表著易碎的繁華和空洞的靈魂。

可是，我一直覺得，很多人誤解了花瓶。

花瓶是好看的。時光打磨之後，好看的陶瓷、好看的玻璃都是歲月精緻雕琢之後的禮物。這也很像是女人啊，需要保養，需要擦拭，需要好好地被珍藏，也需要好好地被愛護。

花瓶並不是一無是處。可以用來插花，可以做裝飾，至少賞心悅目，被人喜歡。而又有哪個女人會說，自己不希望被人一生好好珍藏呢？

幾乎百分之八十的女性，願意被人說美女，而不願意被人稱為才女。

因為美，自始至終，都是女人的專屬權利。所謂的「女為悅己者容」，說到底，還不是為了自己的那一點點虛榮？畢竟美貌這件事，從來不是人人都擁有的。

紅顏薄命，並不是因為人長得過於漂亮，而被世界不挽留；而是因為人好看，又沒人珍惜。不能因為有人的好看被歲月錯付，就一意孤行地認為好看的女人都不好命。而事實上，顏值本來就是第一張通行證。

3

我見過一個女性企業家，長得好看又有朝氣。

她說，她以前剛進企業的時候，很多人喜歡她，但也有很多人不喜歡她，前者因為好看，後者也因為好看。

好看是一把雙刃劍，可是好看，又是你最好的名片。

她說：「我自始至終認為，所有人都叫我花瓶，是對我容顏最大的肯定，因為並不是所有人都有資格成為花瓶的。才女是對一個人才華的嘉獎，這個是可以修練的；但大多數人都變不了美女，尤其是讓人嫉妒的美女。我天生好容貌，越來越好自然是好，但能夠維持現狀就已經很好了。」

三十歲以前的容貌是天生的，三十歲以後的容貌是後天修練的。可是，再好的修練，也需要之前的基礎。長得好看的女人，再加高情商，只會讓人覺得妳確實配得上所有的一切。

後來，她憑藉自己的工作能力和好人緣，一路飆升，非常順利。再到後來，自己創辦了公司。

她說：「經常有一些漂亮的女孩子，因為自己的容貌而困擾，什麼誰說了誰的壞話，誰又謠傳誰被潛規則了。無非是大家覺得空有一副好皮囊，而能力卻始終配不上容貌的預期。」

她告訴女孩子，不要因為自己的漂亮，而覺得是負擔。別人覺得妳是花瓶，那妳就成為有用的花瓶。至於流言蜚語，清者自清。

4

有一句話是：「有人說妳漂亮，才是對妳最好的褒獎。」

到了現在，我不得不承認，自己對於美貌的關注程度越來越盛，不是因為膚淺，而是覺得，擁有一張好的名片，是人生最大的財富。所以，我倒是願意被稱為花瓶，以及成為一個有用的花瓶。

畢竟雖然一開始被人誤解，只要努力，總會有人使用；雖然易碎，只要美好，也總有人願意捧住妳的心疼。而我，也會因為被人看低過，更懂得好好運用自己的美貌，讓自己的才華不被耽誤。維護自己的美好，永永遠遠。

你要喜歡，自己走過的每一步路

二十歲的暑假，我把藝術類專業考試的合格單放在了箱底。我不知道這意味著什麼，至少代表著在未來四年裡，我和「導演系學生」五個字告別了，當然也可能是一輩子的不再相見。

我沒有哭。母親站在一公尺開外的地方，看著我做完所有的動作。箱子很沉，我不要任何人幫忙，就這樣一個人，慢慢地挪動它。

母親的眼中是有眼淚的。可是，她為什麼要落淚呢？落淚的人，不應該是我嗎？她從我拿到藝考合格證的那一天起，就一直惶恐著。對一個職業越神秘，便對一個職業越恐慌。而在我高考成績出來的那個晚上，她的不安到達了頂點。幾乎在報考志願前的每個晚上，她都不停地告訴我，我應該讀一所普通的學校，將來有一份穩定的工作，這是多麼重要。

但在我選擇放棄的那一刻，她終於有了一點點的感同身受的撕裂，在我二十歲的心裡，那或許就是一個夢的終點。

我還是答應了母親的請求，在志願書上寫上了普通本科院校，然後選了自己最喜歡的漢語言文學專業，後來才知道這是一直亮著就業紅牌的專業。在大學的四年裡，讀書、寫字、人模狗樣地活著。

若干年後，我還是能夠聽到那一夜自己在三十八度的大夏天裡，窩在被子裡的哭聲。那一天的自己，滿頭大汗地親手埋葬了多年的信仰。

可是若干年後，我也盡量用一種戰士的姿態，奮力在圖書館和教室搏殺，在方圓一公尺的書桌前埋頭苦讀。

我不後悔。是啊，有什麼可以後悔的呢？都是自己一步一步走下的足跡，那就要認認真真地過下去。從前只能回首，不能重來，而我們，真的不必把太多的時間放入其中。

許多天前，我給一個讀者講了這個我二十歲那年的故事。

這個讀者剛大學畢業，考上了公務員。或許在當下，考上公務員對於畢業生來說，實在是一個很好的歸處，然而他的信很長很長。連我這個外人，都可以感覺到他內心的掙扎，在混亂的表達中，他充滿著進退兩難的迷茫。

有一句話，給我的印象最深刻：「我不喜歡這份工作的中規中矩，可是我沒有更好的去處，我想我最後一定會選擇，但我也要深埋自己的夢想。」

他問我：「二十歲那年，妳後悔過嗎？」

我搖搖頭。

其實，從我在志願書上寫上學校的那一刻開始，我就知道，未來的路不如從前，要重新開始才是。

而於他也是，無論做了怎樣的選擇，都是自己的選擇，隨心所欲也好，無可奈何也罷，都不過是未來成功與否的理由和藉口。忍和滾一字之差。

說一個芒果小姐的故事吧。

我的朋友，我們喜歡叫她芒果小姐，因為她一年四季，口袋裡都會帶一個芒果。二十多天前，她的廣告公司迎來了三週年的生日，我們買了個蛋糕，慶祝她的三十歲那一夜，我們坐在他們公司的地板上，任螢幕閃啊閃啊。

芒果畢業那年，有了一份很有面子的工作，國營企業，上班規律，芒果也承認，這份職業是可以給她帶來榮耀感的，至少證明她有足夠的能力，可以得到別人的認可。

可芒果並不喜歡。芒果大學學的是設計，應聘的時候衝著設計職位，以為工作總會與設計有些關係，結果她進去之後，被分到了文員職位，每天只做三件事——收文件、發文件、分報紙。

死板的工作，並不適合像她這樣渴望變化的年輕人，好幾個夜晚，她都夢見自己拿著畫筆，拚命地畫。做了半年後，她遞交了辭呈，然後傲氣地走出了辦公室。

芒果開了一家小型的廣告公司。芒果的家境還算殷實。她的店鋪最先的啟動資金是父親給她的，她辭職的時候，父親什麼也沒說，只是一根接一根地抽菸，或許對他來說，從前女兒保證獲利的工作是讓他放心的，而如今她放棄安穩的工作，總是讓父親百感交集。

芒果請了兩個員工，然後再加她自己，一共三個人的團隊。起先，他們就是不停地砸錢，買硬體、買專業設備、買各種圖紙，打理一些小事務，幸運的是，公司還算順利地開張了。

開公司真的太苦了！芒果小姐後來說，開公司的前面三個月，她每天睡覺不超過四個小時，她說，睡在公司的躺椅上，她閉上眼睛，腦子也一直不停地轉動，機器的輪軸動得她整個人都處於迷茫狀態。甚至有那麼一刻，她希望自己沒有開始。

她開始接業務，開始做廣告，為了一個單子整夜整夜熬通宵。記得有一次，為一個品牌做文案，她一連做了二十多稿，從第一稿修改，最後又回到了第一稿。品牌商說，如果是換作別人，早就半途放棄了。芒果說，他們並不知道，最後一稿確定的時候，她幾乎是跑著去醫院，掛了一個晚上的點滴。

兩年後，公司開始邁入正軌，可芒果依然沒有停下來。

我們經常在公司聚餐。聚餐之後，我們就很快散了，因為她太忙了。她有時也會很有義氣地說：「有什麼需要的儘管說啊。」可是，每次我看到她厚厚的妝容下越來越深的皺紋，以及瘦得快削尖了的臉龐，我都很想抱抱她。我說：「沒事，我所有的麻煩都不是麻煩，妳需要我的時候儘管告訴我。」

「如果，妳還留在國企，或許沒有那麼多錢，可是如今，妳或許已經有了男朋友，有了孩子，有了穩定的家庭。」一個朋友喝多了，開始為芒果小姐可惜。這位朋友理想中的生活就是這樣，穩定的工作，穩定的家庭，過著中國傳統式的幸福生活。

「那半年在國營企業的時光，比起現在，日子真的太舒服了。可是，既然我選擇了現在這條路，我就要負責把沿途的風景變得漂亮，讓自己賞心悅目地走過。」她說完的時候一直在笑。

所有的路，都是自己的路，不想回頭，也無法回頭。

木心的《雲雀叫了一整天》有一句話：

從前的那個我，
如果來找現在的我，
會得到很好的款待。

我一意孤行地認為，前途漫漫，而當下的每一步，儼然都是過去的自己做的選擇題，而這張答案卷，又早就交給了未來。

是啊，我們每個人，都是一節火車，有自己的軌道，有自己要去的地方，也有自己的方向。然後一路小跑，跨過山川湖海，去每一個並不知道的遠方。

我們看到許多人高興地上車，也見過許多人不歡而散；可我們最後都還是我們自己。

但你要知道，無論如何，你要喜歡走過的路、看過的風景，因為它們都會成為你有生之年最好的回憶。

笑比哭多，愛比哀強，就是一種喜悅的成功。

朋友圈的本義，就是「離你喜歡的人更近一些」

一個好友三個多月的時間裡沒有再發文朋友圈。偶爾翻看微信好友的時候，我點進她的頭像，發現上一個狀態停留的時間是二〇一六年七月。那是一張桌子和一杯咖啡，而那家店是我們去了好多年的地方。

這些年，我們坐在那裡，陪著互相失戀的對方。她平常話不多，偏偏我們之間最愛聊天。彼此的八卦可以湊成一條街巷。她偶爾會說一些自己的夢想，比如賺錢，這是許多城市的年輕人最初的夢想。

可是，她漸漸地遠走了，忽然之間。更讓我尷尬的是，我竟然過了好久才發現。是啊，我也很忙。朋友圈刷走了太多的人，多到了我都忘記了過去和現在，也忘記了她。

我給她打電話：「好久沒見妳發狀態，所以給妳打個電話。」

「其實，我一直在看妳的朋友圈。最近，我在做微信電子商務，怕刷爆了妳的朋友圈，從今以後，連朋友都無法做了。」她說得小心翼翼，生怕我的任何情緒。她說，她分了一個閨密組，放了三個好友，所有的訊息都沒有再發過。

彼此珍惜，所以才畏畏縮縮；害怕丟了對方，然後不斷隱瞞。

「我不介意妳發了什麼，只要妳還在，就好。不必封鎖。」

那一天，我們掛了電話，她發了一條微信朋友圈，這是我三個月後看到的她的第一條朋友圈狀態：「我還在。謝謝妳。」

越來越多的人，對朋友圈開始厭煩，無非是有人成為微信電子商務，二十四小時刷爆了你的朋友圈；有人成天曬娃，你覺得自己的朋友圈儼然已經成了她的成長紀錄平台；有人無限秀恩愛，每天都被餵食著變著花樣的狗糧……

於是，有人拉到黑名單，有人封鎖，有人四處吐槽。無限接近一個人的生活圈子，本來就充滿著風險。你在截然不同的風格裡，根本無法對號入座。就好像有人終於嫁了男神，有人終於娶了女神，最後卻發現，不過爾爾，希望成為失望，好友分道揚鑣。

可是，互加好友並不等於非得互相關注朋友圈。朋友圈的本義，就是「離你喜歡的人更近一些」。

我從來不介意我喜歡的人，曬娃、賣商品、花樣秀恩愛，不介意對方不間斷地直播旅遊，更不介意對方雖然顏值不到的撒嬌賣萌。

但作為一個喜歡你的人，只要能看到你好好的，每天醒來發一條微信，晚上發一條晚安，哪怕這樣的晚安是以任何方式結束，都沒關係。

「我不介意妳在朋友圈發了什麼，只要妳還在。」

其實，這些年我也不知道丟失了多少朋友，可是，我一直覺得，只要喜歡的人還在，就很好。

社交平台給了我們太多的生活福利，每一個都溫暖無比。

有一段時間，校內網很紅，我也很做作，整天無病呻吟地發一些愛情片段。那時被人追求，卻不想戀愛，二十多歲的年紀裡，以為自己以後真的可以附庸風雅一輩子。

有一個學姐，我的每條狀態下，她都會評論，如果有兩、三天沒見我發狀態，還會發站內信給我。無意間，我們早就成為熟悉的陌生人。

畢業後，她還是會常常登上校內來看我，而我在工作的很多個月裡，漸行漸遠。一直到某天，她說：「這些年，看妳的狀態成為習慣，像是一個朋友，看妳哭和笑，都顯得有趣。希望能夠常常見到妳。」

工作後，我開始變得沉穩，越來越不願意發有趣的段子，害怕有人說：「為什麼那麼大年紀了，還一副矯情做作的樣子。」

學姐的一封站內信裡給我寫著：

沒關係，妳愛發什麼都可以，喜歡的人會一直喜歡，不喜歡的人也未必會在。

妳知不知道，最難過的事情，就是那個妳關心的人突然不發狀態了，就好像消失在妳的世界裡。

那一年，我的一個比我小兩屆的學妹去世，因為癌症，她的社交圈停留在了某一天，沒有人再來發新狀態，也沒有人再刪除舊心情。而我也真的很懷念，那個偶爾會發照片和狀態的她，生龍活虎地在朋友圈洗版說著我很好。

曾經一個朋友偷瞄了我的朋友圈問我：「為什麼滿網路的微信電子商務，妳卻沒有把它拉進黑名單？」

我說：「還有二十四小時不間斷曬娃的呢，這又有什麼關係呢？」

朋友圈剩下的人，都是我喜歡的人。他們哪怕發著微信電子商務的訊息，也真的沒關係，至少我知道他們現在在做什麼，未來會做什麼。哪怕夸夸其談，我都不介意。

我不封鎖、不拉進黑名單，就代表我喜歡你的一切。朋友圈是個商店，別人可以選擇進不進入，你也可以選擇他們能不能進入，一旦你進入了我的空間，事實上，就是一種默認，以及喜歡著你的喜歡。

早就習慣了這樣一種狀態，一個人的時候讀喜歡的人的生活，就好像依舊在身邊，活靈活現的樣子。

誰還會在車水馬龍的世界裡，每天二十四小時守著對方的日月星辰？連偶爾的問候，都顯得難能可貴。多虧了朋友圈，讓我知道每一個喜歡的身邊人的動態。

親愛的，請你不必介意。當你在我朋友圈生龍活虎，就是最好的相望。因為我知道，你在，你也好。

能管好自己嘴的人，命運往往不會太差

我年輕的時候，總覺得能看透一個人，哪怕看透一件事，就是一種本事。想著人生就是一場按圖索驥，把想看的、想走的都過去都回味，在羽翼漸豐的世界裡，便有了山高水長的積蓄。

可是若干年後，我才發現，真正的成長，是一場去蕪存菁的展覽，把看懂的、看透的埋藏，在人生巨大的加工廠裡，研磨出的一切才叫閱歷。

什麼是看透？其實大部分人都具備看透的本領，時間或長或短，真相就會像風乾的肉條，最後露出乾巴巴的本質。

而那些聰明人，從來只看透，卻不輕易說透。

二十二歲那年，我第一次去某公司實習。那時的我，年輕又氣盛，背著雙肩包，蹬著高跟鞋，化著與年紀並不相稱的妝容，學著察言觀色，也學著成長。因為是跑廣告，所以我跟著前輩急急忙忙地奔走於城市的每一個角落。

那時的我，總以為要竭盡全力地表現自己的一切，表現自己洋溢在臉上的膠原蛋白，

表現讀書人的點墨詩書，也表現自己的那一點點聰明。

前輩是一個話非常少的人，我之前一直很難想像，一個甚至於有點內向，也不是太擅長交際的人，是怎樣一筆一筆拿下大單的，但你看到他工作的時候，看到他談判的時候，看到他接人待物的禮數周全，也就忽然明白了。

我和他一同去談判的第一筆，是一個小型的展銷會。我們趕了三套設計方案，到達主辦方的時候，剛落座，對方的經理似乎提不起勁，一直看手機。我看著乾著急。其實，每一個行業都一樣，看人臉色是在職場中必須學會的事。人家對你有禮貌是人家的教養，但你能不能忍耐是你的修養。

幾番寒暄後，前輩說：「展銷會前，你們一定比較忙。我們設計了三套方案。」對方的經理還是有一點點心不在焉。

我把資料拿給經理，補了一句：「裡面有一些非常吸引人的細節，經理您不妨仔細聽一下。」

前輩看了我一眼，笑了笑。

「我們的優勢和以前的工作經驗，可能你比較了解。我介紹一下三套方案的優勢。」前輩說得井井有條，哪怕那個經理偶爾也拿出手機來看。

後來，走的時候，前輩笑著說，有七成的把握能拿下。我滿心歡喜，以為自己當了一回聰明人，有自己的功勞。

「妳很聰明，也許也能看出他不是很禮貌，但妳刻意去提醒人家仔細看，就把一切說穿了。妳要學會了然於心，但沒必要說穿，把自己能夠做好的一切做好，就可以了。拿單這件事，要盡力，但不要刻意。」前輩說完的時候，我的背脊一直在冒冷汗，臉紅得根本不敢抬頭看他一眼。

是，聰明的人，要看透，但不說透。看透是本事，不說透是修養。這世界上沒有那麼多傻子，你的聰明也未必是真的聰明。

後來，我抓到了前輩的兩個細節：

1.面對對你有興趣的客戶，可以盡可能把事情說細緻，甚至可以天南海北地聊。

2.面對那些對你沒那麼多興趣，或者說你並不是他的第一選擇的客戶，把事情說清楚，體現高效率。

我們走的時候，老闆給我們送別，他也提到了我的前輩，他說：「我不知道你們以後有多少人會從事廣告業，但無論什麼時候，你們都要知世間，而不煩亂於心，懂人世，而不隨意說穿。這點，大雨（我前輩）是我們這裡做得最好的。」

後來，前輩請我吃飯的時候，誇我聰明，可我依舊記得那句脫口而出的話。很多年以後，讓你念念不忘的不是事情本身，而是你終於知道，自己像一面刷白的牆，總是需要時間慢慢來塗，比如，我終於明白，能管好自己嘴的人，命運往往不會太差。

我的朋友老韓，是一個公司的HR，我們有一次一起探討過「什麼樣的人，老闆最捨不得」，老韓說，公司裁員的時候，主管首先會考慮把三類人留下：1.手上有足夠資源的人；2.有足夠背景的人；3.人機靈但話少的人。這三類是不分先後的。

第三類人，他們甚至出身非常寒微，也可能不如那些喜歡拋頭露面的人那麼吸引人的注意力，但這一類人有一個特點，就是知世故而不世故，聰明也穩重，是主管最不願意虧待，也是企業最需要的人。

是，看透但不說透，看透一切，但依然熱愛生活，就是一個人最大的修養。工作、感情、生活，都是如此。

1.關於工作，如果遇到不公平，如果遇到不喜歡，可以說，但不要用情緒說，可以說，但不要說太透。

2.關於感情，如果不那麼稱心，如果不那麼如意，可以說，但不要把所有的都挖根柢曬出來，在相看兩厭的世界裡，又何必補刀，最終不歡而散。

至於生活，如果不那麼開心，不如就開心一點，看透也看開。

有一句話是：「我們花了兩年學會說話，卻要花上六十年來學會閉嘴。」大多數時候，我們說得越多，彼此的距離卻越遠，矛盾也越多。

在溝通中，大多數人總是急於表達自己，一吐為快，卻一點也不懂對方。兩年學說話，一生學閉嘴。懂與不懂，不多說。心亂心靜，慢慢說。若真沒話，就別說。

而於我們，看透但不說透，便是一個人最大的修養。我們身處這個世界，要有火眼金睛的本事，也要有潤物無聲的本領。在這個越來越不解的世界裡，並非獨享，而是彼此心領神會，也默契前行。

不勉強別人 等於尊重你自己

1

上個月，大喵來問我借錢，因為家裡做裝修。

大喵是今年買的房子，付完房子頭期款之後的日子，還貸款早就過得捉襟見肘。大喵又不好意思向家裡人開口，索性就拿著借條向朋友們挨個借錢。

這之前，一個朋友打來電話問我，要不要借錢給大喵？那時，大喵已經去過她家了。她給大喵的答覆是，過兩天和他聯繫。

「大喵轉身離開的樣子，真的讓我非常難過。可是，我也不好隨便做決定，畢竟我和先生的錢是共用的。」

我說，我借了他一萬元。和他說了，無息。也可以把我放在最後歸還。

我借了他一萬元，他給了我一張借條。我和先生老陳屬於經濟絕對獨立，也就是我們誰也不知道誰的存款，這樣的好處是，支配上有足夠的自主權。

大喵說：「兄弟，這份情我記住了。妳放心。」

後來，大喵七拼八湊湊了十萬元。聚餐的時候，另一個朋友說：「大喵，我當年湊著借了五萬元，感覺老臉都快借光了。」

大喵笑著說：「借錢這事，本來就是你情我願。你可以提出，別人就有權利接受或拒絕。不能太勉強。不能因為別人不幫忙，就斷定誰就是壞人。你不是他，怎知你在他心中的分量，你不是他，怎知他的難處呢？」

我們總有一個誤解，幫你的是好人，不幫你的就是壞人。在友情的世界裡，好的對立面不是壞，而是泛泛之交和陌生人；而在規則的世界裡，從來沒有好人與壞人之分，只有遵守和不遵守。

2

不勉強別人，就是不勉強那個原來驕傲的自己。

成年人的世界，本來就應該真誠多一點，套路才少一點；前塵多一些，後事才少一些。有時是感情，有時是規則，有時是別人的底線，有時是很多人也不得已的苦衷。

聽過一些被人請託某事的人，總覺得不勉強別人是對自己最大的尊重和對別人最友好的方式。

我一個朋友的父親原來是初中老師，他說，每年開學和畢業季都覺得父親非常痛苦。

作為一個最普通的老師，手中並沒有那麼多資源可以調度，況且現在資源相對均等，並沒有太多關係。

然而總有源源不斷的人來求他的父親，左鄰右舍、三姑六婆。求人的套路無非是：「你們學校最好的班級是哪一個」、「你能不能給我女兒的班級選一個優秀的物理老師」、「畢業升學考的題目，你能不能提前拿到」……

他的父親說：「別說能不能了，有些事，就是不可以的。」

但是那些人還是會有鍥而不捨的精神，甚至演變到半天一問的地步。

他說：「你就是能夠感受到，我爸簡直要崩潰了。我爸是一個底線非常嚴的人，然而又是一個矛盾體，就好像不斷有外界衝擊著，卻又得全副武裝對抗襲來的一切。」

我們總覺得人情重要，於是天羅地網地布置，不過是希望有朝一日能夠獲得最大的利益。

可是期望越高，失望的時候也就越多。目標越明確，錯失的時候顯得越難過。

我想起《生命冊》裡的主人翁，從農村走向城市之後，被農村的各種人情所困，這家孩子上學、那家人犯了事，都紛紛找你，他們並不知道你的難處，只知道你翻山越嶺之後，總是可以找到那個人情，有些時候你拒絕也拒絕不了。好像拒絕了，就是一刀兩斷，好像拒絕了，你從此就是那個壞人。

我還是會喜歡那些酷酷的，在對方說了「不」以後，轉身離開的成年人。做事有心也可無心，要爭取但不要太勉強。

3

我以前也總覺得，別人幫你是情分，不幫你是本分，是一句不那麼溫暖的話。後來才知道，對幫你的人要感激，對不幫你的人也不要太勉強。

無論你現在或曾經交換過什麼，都不要別有用心。

我剛寫作的時候，也收到過一些退稿，甚至有一個編輯還是多年的老友。父親是有點不理解的，他一直自信於我的文字夠好，以及別人總該多重視新人。哪怕多年後，我發現自己當年的文章根本夠不上發表標準。

其實，也有很多人和我說過，如果妳柔軟一點，不那麼硬氣，如果妳肯偶爾低低頭，求別人，生活或許會更好一些。

而我實在難以說出口。別人有時是給你一個台階下，告訴你你並不那麼優秀，但總有一些人把人情世故之事變成通情達理的武器，非得脅迫你不斷踐踏自己的底線。

我很害怕被人勉強，以及勉強別人。一個人的底線沒那麼不堪一擊，不要傷了別人也傷了自己。

那個退稿的編輯現在依舊是我的好朋友。我們也偶爾提當年的事，不過早就變成了「你就是那個很有原則的人，我也是那個驕傲的人。兩不相欠」。

4

不勉強別人是一種教養，尊重別人的不給予，尊重別人的拒絕，尊重別人的冷漠，以及尊重別人的難言之隱，你會忽然發現，最後尊重的都是自己。

世界從不孤獨，世界也從不熱鬧。最後的我們，都要像個人一樣活著。不勉強別人，也不勉強自己。

人生從來不有趣，也從來不無趣。而你永遠是那個你，要有頂天立地的模樣。

chapter 2

時間能治癒的，是願意自救的人

最好的感情，
不是以愛之名互相折磨，
而是給彼此以陽光。

分開後，我變成了更好的自己

沒有誰天生離不開誰，就如同沒有誰必須和誰在一起。所有的注定，都是水到渠成。而你才是自己觸手可及的一切，胸懷溫柔，手握明月。

大美麗離開吳聲的時候，下了很大的雨。她一邊給我打電話，一邊哭。

二〇一四年夏天，滿街世界杯的球迷在街頭吹著口哨，密密麻麻的人群出入，城區燈火通明，而偏偏那一夜所有街頭的瘋狂被雨淹沒。天氣也懂得配合，一瓢一瓢地打在大美麗的身上。

我們在愛中總是百般動情，也在不愛中百般傷心，曾經的我們以為分手就是天塌了。後來才發現，若干年後，都不足掛齒。

那一天的大美麗，以為自己快要活不下去了。她應該握著手機在哭，一邊只有大雨聲。

她大概不會想到，兩年後的夏天，有人會給她披上婚紗，在美麗的金秋十月為她舉辦婚禮。

很多時候，感情越久越浪費，記憶越多越傷心。吳聲，她從大學一直到工作的前兩年都在一起的男朋友，突然就丟下了她。

分手是在出租公寓裡進行的。吳聲提前理完了所有的一切，等大美麗開門的時候，拉著箱子就走。大美麗傻住了，直接把手中的魚丟在地上，魚在塑膠袋裡翻了兩下，狠狠地白費了力氣。她說：「吳聲，我昨天是開玩笑的，我們吵架，用得著這麼大動干戈嗎？」

前一天，大美麗和吳聲為了家裡一個打碎的熱水瓶吵了一架。這不是什麼導火線，就是吳聲終於有了一個足夠充足的理由離開她。

大美麗一直覺得，她人生最大的錯誤，就是主動追求了吳聲。她不停地扮演著吳聲身邊的各種角色，助理、參謀、老媽，還有各種角色。而吳聲就是那個小孩，不開心的時候悶頭睡覺，發脾氣的時候又和大美麗冷戰。

「我覺得我們不合適，而且我已經不喜歡妳了。」

「你不喜歡我什麼呢？」

「好吧，我直說。我可以有更好的選擇。妳身材好嗎？妳長得好嗎？妳的工作有面子嗎？」

「那我可以努力的。」若干年後，大美麗每每想起這句話，都很想搧自己幾個巴掌。不過也對。我可以努力的，但不是為了他，而是為了自己。

吳聲還是離開了。大美麗請了一週的假，躲在家裡。不吃不喝，第四天上廁所的時候，她猛然抬頭看了看鏡子中的自己。是瘦了，不過真醜。

恢復了單身，大美麗好像也輪到了寂寞。單身的時候，必須給自己不停地灌輸心靈雞湯，因為除了你自己，沒人再來感動你。心靈雞湯有毒，但也有用，比如興奮劑，至少讓你能夠活得有勁。

大美麗說，那個晚上，她發誓要努力工作、努力瘦身，也好好生活，不是為了任何人。

有人說，一個人突然開始努力了，一定是受到了什麼打擊。他們忽然希望自己能夠脫胎換骨，並不是為了別人，而是為了與過去的自己告別。

她開始提前起床一個小時，跑步，然後做早餐。她再也沒有去過社區門口的早餐店，她說，每天做早餐的時候，都是給自己的一份鼓勵。

她開始主動去和客戶聯繫。她突然好像沒那麼害怕了，哪怕被拒絕也可以微笑以對。曾經的大美麗非常討厭加班，現在，每一次加班，她都變得非常積極主動。大美麗一直溫溫吞吞的業務成績和中規中矩的表現，突然改頭換面，有人說妳瘋了吧，一週三天半夜十二點下班。

大美麗搖搖頭，這算什麼瘋狂，只覺得非常扎實。還有兩天，她坐在家裡讀書和鍛鍊。她喜歡這個頻率，一邊忘掉過去，一邊變成更好的自己。

女人沒有了男人，就該放下。可是，誰規定的，必須立刻馬上，每一段付出過的感情，不至於覆水難收，每一次回收都用盡了所有的力氣。

我愛你，我不愛你。不知道有沒有人會記得徐志摩的第一任妻子張幼儀，離開徐志摩後的她，變成了實打實的女強人，有人用商業大鱷來形容她。而我只想說，每一個聰明的女人，不會因為誰的離開，而放棄自己。包括我的大美麗。

她用半年的時間跑步，硬生生把自己從七十二公斤瘦到了六十六公斤，穿進了她曾經高中時才能穿上的牛仔褲。

她開始化妝，也塗好看的腮紅，她畫眼線，也塗淺淺的口紅，有人說：「妳變了，一點都不樸實。」大美麗笑笑說：「我現在不喜歡樸實了，只想要漂亮。」

她週末的時候趕車去學油畫，她從小最喜歡畫油畫，現在終於有機會學習了。

我也是一瞬間突然意識到，要做一些自己喜歡的事。以前總覺得無聊，和他在一起的時候，覺得這輩子，上班、下班、做飯、洗衣服，事夠多了。現在，突然覺得，加上這些，好像更有意思。

二〇一五年的六月，分手後的一年，大美麗同意了同事老黃的追求。她說：「我有了男朋友，我好像不再那麼依賴他了。是啊，以前多麼愚蠢，什麼同居，迫不及待過上以後一定會讓你到來的婚姻生活。現在不了。我一個人，他第一次來我家玩，我也會和他說，這裡曾經住著一個男主人的事。」

對於大美麗的前男友，老黃笑著說：「那是因為妳沒有遇見我，所以不小心和他談了場戀愛。」

和老黃在一起後，大美麗的生活節奏並沒有亂，只是中間加入了一些陪伴他的時間而已。

二〇一五年年底的時候，大美麗的前男友吳聲結婚了。大美麗說，有人跟她說這個消息的時候，她和老黃正在遊輪上，海邊的風呼呼地吹，只聽到說什麼結婚了。

大美麗說，我當時就和她說了，妳和我說這個做什麼。難道是要我去道喜嗎？也可以。

掛了電話，大美麗和老黃說完這事，兩個人就哈哈大笑。

時光真是有情有義，帶走了一個人，卻給了另一個人最好的安排。

每天一早，老黃在大美麗樓下等著，然後送大美麗上下班。加班的日子也不例外。每個週末，大美麗上油畫課，老黃送完她，在附近的咖啡店喝咖啡，等她上完課，再接她下課。

大美麗想參加任何活動，老黃都陪著。

二〇一六年的春節，老黃向大美麗求婚。那一天，好像也是一個下雨天。冬天南方濕冷，可大美麗在那一頭卻高興得像個孩子，她說：「這個冬天好像一點都不冷，至少比那個夏天熱。」

我說：「是，祝福妳啊。」

對一段感情認真，也要對自己認真。

我很喜歡一句話：「我們總要努力變成自己喜歡的樣子。而我們是誰，或許也意味著我們能夠遇到誰，過上怎樣的日子。」

分開後，我們變成了更好的自己。我可以談笑風生任何關於你的一切，像個陌生人，也可以向過去的你以及自己告別，投進愛情的懷抱，從此不再害怕。

擁有成熟的愛情觀到底有多重要

1

閨密是今年三月結婚的。在許多時候，她就像愛情中的小孩子，唯一的戀愛對象就是結婚對象。我總是開玩笑說，她的愛情是被封鎖的小小的船，很容易揚帆也很容易打翻。

一天晚上，她給我打電話向我抱怨，她的先生和她說，去籃球場打籃球。後來下起了大雨，她拿著傘想給自己的先生一個驚喜，不料，到了球場，什麼人都沒有。先生說，因為下雨，他們提前去吃飯了。

「他不帶我去，他讓我一個人在家。」閨密憤憤不平，而她的先生對此說，一群大男人，妳一個女人去做什麼呢？

這已經是第二次發生這樣的事了。閨密覺得自己的好心被辜負，心裡一時也有點不痛快。一怒之下，他們大吵了一架。

「妳說，我是不是太過於關心他，也太過於在乎他？可我真的很想，隨時和他在一起。」閨密問我。

這是她人生的第一次戀愛，一戀愛就結了婚，她以為結婚還是和戀愛一樣，是你拉著我的手，我牽著你的手，在十字街頭放也放不開；是離開之後，分分鐘都掛念著對方說著「想你」的情話；是我去了哪裡，都要和你看看那裡的風景。

我說，妳的問題，就是在於「過分」兩個字，過分關心他，過分在乎他。人與人之間的情感，從來都是你進我退的狀態，你越關心的人，越在乎的人，他越知道你離不開他。

閨密慢慢開始從心理上擺脫了對先生的依賴。她每個週末都打理得井井有條，打掃家務，會友，見父母，她覺得，很充實。白天沒有和先生在一起的日子，兩人就各自逍遙，晚上又端坐在床上，互相訴說白天有趣的事。

2

真正成熟的愛情觀，是彼此有相濡以沫的堅定，也有互不打擾的淡定，有同舟共濟的願景，也有互不依賴的勇氣。

擁有成熟的愛情觀到底有多重要？

說到底，不過是你對自己會更篤定，對愛情會更淡然，而對伴侶又會更從容。

我見過一對老夫妻。

那還是綠皮火車的年代，這對老夫妻坐在我對面。長長的列車正在行駛中，所有人都在嘰嘰喳喳。這兩個頭髮花白的老人，肩並肩坐著，一個看報紙，一個嗑瓜子，誰也沒搭理誰。偶爾高興了，他們就相視而笑。

沒多久，男人看完了報紙，女人說：「不如一起嗑瓜子吧。」然後兩個人就一同嗑起了瓜子。

男人一邊嗑瓜子，一邊給女人講述報紙上的故事，後來，我才知道，原來這個女人並不識字。而那個男人呢，從前是一個教師。女人和男人算是異地夫妻，女人一直在農村開著小商店，男人在小縣城教書。差不多到孩子讀高中，女人才跟男人一起去了小縣城。

「異地夫妻那麼多年也是很辛苦的。一個人的時候，一定很無聊吧？」我旁邊的人問女人。

「當然辛苦。但不無聊。婚姻，就是你做你的，我做我的，互相扶持，一起把家庭經營好。」女人說得很樸實。說完後，又不停地嗑瓜子。

愛情，從來是，你在的時候，我們很好；你不在的時候，我也很好，等你在一起。

3

經常碰到一些年輕人，一不小心發現戀愛之後，若熱情退去，不過是平淡多一點，就會格外沮喪。

沒有從前的你儂我儂，也沒有熱戀中的感覺，每天洗著油膩膩的碗筷，吃著有一搭沒一搭的飯，一起看著無聊的肥皂劇，然後還做著不一樣的夢。

我的一個旅友，是個九〇後的男孩子，他最近戀愛了。

他有一種困惑：「為什麼我那麼關心我的女朋友，她生病的時候，給她送藥，她餓的時候，我給她送餐，為什麼我離開她去出差的時候，她卻連個電話都沒有給我打過？」

「她說她喜歡我的。可我卻發現她沒那麼關心我。」

我說：「你只是一不小心理解錯了愛情。愛情是平淡生活裡偶爾的小驚喜，是漫長日子裡偶爾的小確幸。驚喜和確幸太多，於是就變成了習以為常。」

真正成熟的愛情，不是我永遠離不開你，而是我愛你，也確定和你在一起，我們彼此共同前行也傾訴，一路難免小打小鬧，一起度過漫長歲月。

一個人對愛情成熟，對生活就不容易迷失方向。愛情觀越不成熟，一旦有任何閃失，很容易把苦心經營的一切摧毀。

我們或許應該知道，很多彎路，都是因為我們想當然地活在自己的世界裡。

4

好的愛情和婚姻，從來不需要太多的負擔和膽戰心驚的經營。而是你慢慢會知道，婚姻是兩個人的事，而不是你一個人的。你慢慢也會懂得，扮演好婚姻中的角色，做好所有的事情，就已然足夠。

愛情是生活的一部分，但絕不是生活的全部。當愛情不是你的全部的時候，你就不容易失望，否則一旦失去，就容易一無所有。

成熟的愛情觀，每一個人都要有。一個人很輕鬆，兩個人都很自在。很喜歡一段話：「婚姻和愛情其實都是一場長跑，不要總想著加速，那樣很容易倒在半路，不如勻速前行，然後走到白髮蒼蒼。」

用以自勉，用以共勉。

你不喜歡我，那是你的事

據說她不喜歡我？不喜歡我的妝容，不喜歡我工作的樣子，不喜歡我任何的一舉一動。可是真的沒關係。她討厭著我，我喜歡著我，我們各自過日子。

那一天，我實習結束。大洋作為業務第一名，拿到了不少獎金，於是請我在H城最貴的飯店吃飯。

多年之後，她那句話還是不停地在我的耳邊以及生活裡走來走去。

大洋和我是在我去廣告公司實習的那個暑假認識的。那一年我二十一歲，她二十七歲，我沒有畢業，她也不是少婦。

當時，我走到她的身邊，人事主管向她介紹說：「這是新來的實習生。」她笑了笑，沒有多駐足，蹬了高跟鞋就走，留我在那裡傻眼。後來，大洋說，見到我的第一眼，就覺得我非常像她表妹，眼睛大，嘴也大，但她並不喜歡和陌生人談得像老朋友，比如那時的我。

她們部門的副經理是個三十七、八歲的女人，胖且喜歡喝酒，最大的特點是，不喜歡大洋，所有人都知道。這個女人在兩、三年前去了別的公司。

第一次工作例會，經理介紹了我，又聽了各個業務人員的彙報，輪到副經理時，她冒出了一句話：「不是每天都要打扮得花枝招展的，才可以做出工作成績；我更看重穩紮穩打的人。」

所有人都面露尷尬，這個部門，只有大洋每天必須化妝、必須蹬高跟鞋、必須噴香水、必須頭髮永遠紮得高高的。

我偷偷用餘光看了一眼大洋，大洋的頭還是昂得高高的。

很快，我就發現，大洋的業務能力很強，總經理，包括公司副總經理接到大案子後，第一個就會想到她，自然可以看出她在主管心中的位置。

而那個部門副經理還是不喜歡她。人與人的氣場不合，從來不是嫉妒不嫉妒的問題，就是你會發現在她面前，做的任何事都是錯事，任何一次呼吸都是錯的。

比如大洋遲到了一次，副經理就在那裡頤指氣使地喊，恨不得所有人都知道，而事實上，大洋那一次是受部門經理指派，去另一家公司拿資料而已。大洋看了她一眼，把資料從信封裡拿出來，攤在她桌子上。

那一段時間，大洋努力地工作，副經理努力地不喜歡她，好像兩個人的努力變得非常有關係又沒關係。而我只是看客，像是看著一場戲，拚命地從戲中找出各種蛛絲馬跡，為兩個主人翁的關係證明線索。

一直到我走的時候，我問大洋：「如果在一起有人不喜歡妳，妳該怎麼辦？」

大洋說：「妳信不信，我現在根本不在意。」

大洋給我講了一個故事，她讀大學的時候，有一個女生非常不喜歡她。

大洋長得很好看，個子高高的，五官很立體，成績又突出，輕而易舉地作業「優秀」，輕而易舉地獲得最高分，又輕而易舉地獲得獎學金。

她拿獎學金的時候，喜歡請室友吃飯，原本以為彼此可以有愛，有個室友就是不喜歡她。大洋在寢室看書的時候，室友故意關燈，大洋晚上去洗手間經過，對方又惡言相向。她故意請其他幾個室友吃飯，出門的時候，故意躲著她。

大家都是二十多歲的年輕人了，其實都很聰明，誰也不願意為誰多辯解一句，誰強勢往誰那邊倒。

大洋成了那個局外人。

局外人的感受其實誰都懂。無非是何時何地，妳都得一個人做任何事。妳打誰的電話都不接，下雨的時候沒人為妳收衣服，妳請假的時候，又不得不去隔壁寢室問作業。遇上糟糕的天氣又遇上曬被子，妳不得不跑很遠的路回寢室，使晚上的自己不至於無處可去。

大洋哭過一次。那一天，她一個人在自修室裡，她以為所有人都走了，嗚嗚地趴在桌子上哭。那麼多天，寢室已經一團糟了，而她的神經也崩潰到了極點。每天早上她天一亮就出門，等著熄燈前趕回寢室。所有的害怕和恐懼，都不過是因為自己無法放下。

那時，她們的輔導員走過教室，只對大洋說了三句話：一，喜不喜歡妳，是別人決定的；而妳高不高興，是自己決定的；二，不要把時間浪費在不喜歡妳的人身上；三，她並沒有影響妳的生活，只是妳自己影響了自己的情緒。

大洋聽到第二句的時候，就已經醒了，從那以後的許多個日子，她習慣了也愛上了一個人，一個人做所有事，也不再奢望依賴任何人。而當你習慣於愛上一個人的時候，你就會發現，周圍的冷清根本不是孤獨，而是安靜。

那個嫉妒她的女生還是嫉妒她。大洋為她定了一個標準，如果對方有任何侵犯她的權利的時候，就義無反顧地痛擊，如果只是見她時白眼，背後隨意中傷，就不做任何回應。

後來，大洋覺得輕鬆多了。而那個女孩一直想盡辦法討厭她。大洋覺得，她不喜歡妳，跟妳根本是無關的。當妳不理睬她的時候，她的那把匕首對準的永遠是她自己而已。大洋成了那一年的優秀畢業生，獲得了一份不錯的工作，她或許應該感謝那個老師，以及那時的自己，不聞世間無聊，只問自己成長。

《權力的遊戲》有一句話是：你在乎的人越多，你就越脆弱。說真的，這些年，我學到的最大的本事，就是不再在意別人的眼光。人與人的路，會交叉也會平行，又何懼那些本來就沒有交集的人的目光？點頭之交甚多，你又何以讓所有人都滿意？

大洋說：有人喜歡妳，說明有人在關注妳，有人不喜歡妳，也說明有人在關注妳。

我想起有一天，大洋和部門副經理說的話：我花時間在我的工作上，真的多謝妳的指點。可是，我也真的無能為力，如果妳真的不喜歡我的話。

其實歷經千山萬水，我們就明白了，這個世界，不可能每個人都喜歡你，而你也真的不必對此太在意。

單身的女人到底冒犯了誰的面子

無論已婚女性還是單身女性，在槍林彈雨的世界裡，如何獲得一份不將就的愛情和自由如風的婚姻，都非常重要。

1

二〇一七年的春節，林歡窩在家裡睡了整整五天，她不想出門。

比她大兩歲的表姐、表哥都有了兩個小孩，於是，家裡所有人都對林歡說：「妳可要加油啊，人家在妳這個年紀，第一個孩子都會跑了。妳也得要趕緊找對象了。」

林歡尷尬地笑笑，越長大越不敢跳腳，生怕別人說自己沒教養。沒教養，還得連累自己的父母。

去年十月份，林歡的表妹也結婚了，她就更尷尬了。她最後才到婚禮現場，然後第一個離開。

她一到達喜宴現場，一個舅舅就拉著她說：「歡歡，妳要加油了。」

2

中國的相親市場，總是男生更為吃香。無論男女比例如何失調，大齡女子的婚姻總是更為被動。於是大多數時候，所謂優質的男人，總是占據了主動權。

林歡二十四歲畢業，回到自己的城市。她為什麼選擇回到自己的城市，而不留在她大學時代的大城市，或許是由性格決定的。

她說，她父母只有她一個女兒。父母在，不遠遊。況且高速發展的小城市，可能沒有大城市的發展空間，但也確實節約了很多的生活成本。

畢業那年，她就迅速找到了一份工作，有面子且還算高薪。二十五歲，她不想結婚，但也沒那麼抗拒，於是被動地進入了相親大軍。

「一個白領，長得普通，薪水還可以，在一個三線城市年入十萬。父母有農保。」很多人這樣介紹她。

總之，感覺用市場來形容相親真的再合適不過了。每個人都是待價而沽的商品，放在秤上，覺得合適就見面，不合適就散場。

鄰居也很熱心。上了年紀的阿姨，總是有一種超乎常人的閒情，她們口中最大的樂趣是，誰家吵架了，誰家又出了什麼事，誰家的女兒一把年紀了還沒結婚，都是她們熱中的話題。

3

她們的熱心讓林歡覺得不舒服。

相了幾次親，可能是運氣不好，林歡都沒有遇到自己喜歡的類型。

林歡的父母很快就洩氣了。

對於父母來說，最希望的是女兒能夠找一個人開始，然後結婚就好了。因為他們的婚姻就是這樣開始的。

「我實在受不了每次我母親的腔調，婚姻嘛，能過日子就行了。」林歡說，每次聽到母親說這句話，她都覺得自己回到了一百年前。

每個人都有資格選擇一份屬於自己的感情，至少是可以歡天喜地過一生的，哪怕吃苦也樂意，撒謊也高興。

4

其實，婚姻從來都不是一件著急的事情，有時等比找來得更加可靠。

不過是一個虛無的菜市場，你又何來知道，這個市場裡一定有你的菜，而你一定是別人的菜呢？

林歡受不了身邊人的熱鬧，周圍的人就像起鬨，一邊幫她尋找所謂的合適的對象，一邊又巴巴地等著看她的笑話。

就連對面的鄰居，有時吃飯空檔也會跑到她家，用幾近數落的語氣問她：「妳為什麼還沒找到男朋友？」

林歡發過很多次脾氣，但剛脾氣上頭的時候，就被母親拉住了。「她們是為妳好。」

誰要妳打著「為我好」的幌子揭人傷疤呢？

5

我就是想找一個自己喜歡的人。

林歡的年紀越來越大。她也在找那個人。可婚姻就是一場緣分使然啊，愛妳的人妳不愛，不愛妳的人妳又愛，又能怎樣？

三十多歲的年紀，後面的小花前仆後繼，能夠讓她看得上的也是越來越少了。

林歡不想將就啊。

她的父母卻覺得，是她所謂的不想將就，耽誤了他們的面子，也耽誤了自己的婚姻。

絡繹不絕的相親對象，林歡都不滿意。

直到有一天，林歡終於面對那些介紹人的冷嘲熱諷，把她們轟出了家門。

「妳都那麼大年紀了，妳有什麼資格挑選？也不看看自己現在什麼情況。」

「我年紀大了，想找個自己喜歡的人是錯嗎？我挑選自己喜歡的人，是不是冒犯了妳什麼？」

林歡理直氣壯地把她們趕出了家門。她後來告訴我，所有的鄰居都在奚落她的自不量力，可她就是不想隨便把自己嫁了。畢竟嫁一個自己不喜歡的人，對她來說就是災難。

6

前些日子，我遇見林歡。林歡說，最近有了男朋友。雖然他來得晚了點，也不知道能不能修成正果，但終歸是有了那個人，那個讓她心動的人。

她還沒有告訴父母，怕父母著急。因為她所希望的，是一種水到渠成，而不是為了結婚而結婚的現實。

「說不定分了呢？都不肯將就到這個年紀了，不如就真的找一個喜歡的人過一生吧。」那天風大，林歡說完的時候，風吹亂了她的頭髮。

說實話，這些年看似理不清的感情，她都懂，只不過別人看不明白而已。

可是，結婚是兩個家庭的事，愛是一個人的事啊。

而這些，我們都要明白。

和一個不懂你的人在一起，簡直是一場災難

1

大魚最近把她的老公老七拉進黑名單了。

她說，她打算分居一段時間，讓自己快要破碎的心，慢慢癒合。

她還是和十多年前我遇見她時一樣，乾脆又俐落。

「我不是和他離婚。我們是分居。我覺得我們都需要慢慢地衡量彼此在對方心中的位置，然後像個成年人一樣愛對方。」大魚說話的樣子真好看，說完一段話，就喝下半杯咖啡。心情就這樣打開又合上，好像一下就好多了。

我問她：「有必要這樣嗎？」

她說：「有。或許過一段時間，等時間沉澱，懂則合，不懂則分。」

2

現實中的我們，總是在頭破血流地掙扎，不服輸地向前奔跑。而最壞的婚姻是，終於

你開始脆弱，他卻始終沒有長大。

你知不知道，和一個不懂你的人在一起，就是一場災難。

上個月，大魚的公司因為有人員調動，那個職位空缺的職務慢慢一股腦兒地壓在了大魚身上。大魚沒說什麼，工作就是這樣。你在一個地方活著，除了滾，就是忍。

大魚說，她真的從來不知道，自己有那麼能幹。上午從一個辦公室跑到另一個辦公室送文件，下午又冒著烈日，跑好幾個公司。一天下來，整個人像是被擰乾的毛巾，只覺得累到不想說話。

大魚每天都很晚才下班，沒有辦法。大魚說，自己很久沒有碰到晚上交通尖峰時間了，因為根本沒有機會碰到。華燈初上的夜晚，她常常一個人開著車，跑在回家的十五公里的路上。

其實，她也會非常羨慕那些一回到家，就有人給一個大大擁抱的女人，最好是賴在老公身上，然後一動不動地把白天所有的苦和累卸下。

這個期待也從來不是什麼偶像劇的情節。生活中，我也見過許多女人，甚至我自己，也是下班時，先生等在公司門口，只消打開車門，好像就卸下了工作上的所有煩心事。

是的，與懶無關，只與幸福有關。

老七沒有給大魚做過一頓飯，也從來不給她打包一份外賣。大魚打開門的第一眼，總是看到老七一個人在書房裡，一邊吃著大碗的炒年糕，一邊右手嗒嗒嗒地按著鍵盤玩遊戲。他不回頭問候剛下班的大魚，也從不關心大魚是否吃了晚飯。

大魚一直不喜歡老七玩遊戲，但她忍著。或許男人都這樣吧，她安慰自己。

3

二十四歲，大魚進了某國營企業，這份工作讓大魚有點厭倦，但也讓她有了一種循規蹈矩的踏實感。她不想換工作，她不知道有什麼工作比現在的更好，也不知道自己究竟適合做什麼。她不盲動，也不抱怨，於是忍耐著提升自己。

對於老七，這個經朋友介紹後來結婚的另一半，大魚當年看中的，是老七有父輩口中的「老實」。但老七身上，總是帶著一種古老的大男人主義，他很少顧及大魚的感受。

大魚感冒的時候，發燒發到頭昏眼花，躺在床上不能動彈。老七卻開始數落大魚，為什麼平時不多穿點衣服，為什麼不知道天氣忽冷忽熱，為什麼又感冒了。用「數落」這個詞，或許真的是再恰當不過了。「心疼地說」和「數落」是有區別的，他只給妳一個背影，根本沒有一個眼神，何況藥品。然後大魚，就任自己的腦門和心，一直涼下來。

大魚想學插花，買了幾個瓶子回家。老七看到了，說家裡已經那麼小了，學什麼浪漫主義和文藝青年，過日子也太多事了。大魚還是顧自己學插花，因為自己有錢，但每次一回到家，看到他看著花瓶的眼神，只覺得心情糟透了。

大魚去旅遊前整理行李，老七在旁說，整天往外面跑，有意思嗎？

老七為什麼不去呢？因為他不想去。大魚說，印象中，只和老七一起出過門一次，就是蜜月。

大魚很能忍，對於婚姻，對於老七。但她也會難過，也會傷心。所有的一切，不過是慢慢在攢著失望，讓這個失望滾動成一個大球，不停地撞擊著自己，撞得越來越疼。

4

他們的分居，看似只因為一件事。所有的結果，不過是日積月累後無情的爆炸。

上週的一個晚上，大魚還是很晚回家，吃完外賣就累倒在床上。老七還是吃著他的年糕、玩著電腦，一直到十點多，老七才走進房間。

大魚說：「老七啊，我最近真的非常累，非常辛苦，公司的工作太忙了。」

老七翻了個身，沒說話，只顧玩手機。

「我每天跑進跑出，最近去站體重機，都瘦了好多公斤。」大魚說。

老七說：「再給我十分鐘，我玩完這局遊戲。」

大魚說，當時她都不知道該說什麼，只覺得整個人昏沉沉的。他總是這樣，好像老實地顧著家庭，卻始終又離自己很遠。

驀地，老七放下手機說：「真的那麼忙嗎？妳是動作太慢還是工作太忙？」一句安慰都沒有，「我打聽過了，我有一個朋友，做的工作可比妳多多了，他也能準時下班，妳怎麼不行呢？」

大魚生氣了：「你說這話什麼意思？」

「沒什麼意思。妳跟我抱怨什麼，妳有本事跟你們經理抱怨啊。是我給妳那麼多工作嗎？」老七一邊說，一邊還咯咯地笑。他似乎在開玩笑，而大魚只覺得整個人都在被難過倒灌。

和一個不懂你的人在一起，你忽然覺得自己像被不停地注射著失望，源源不斷地滲透進你的身體，然後讓你肌肉萎縮，讓你身心俱疲。

5

「老七，我們分居吧。」大魚是晚上十二點做的決定，她推了推還在玩手機的老七。

「妳那麼做幹什麼？分居，我做錯什麼了嗎？」老七轉過身。

「是啊，我們都做錯了。」這次，大魚顯然是下定了決心。

「你知不知道我喜歡吃什麼，喜歡做什麼？不知道對不對？我每天那麼晚回來，你何曾說過一句辛苦，也沒有，對不對？你從來不記得我的生日，對不對？」

「過日子，就是過日子啊，要那麼多花言巧語幹嘛？」老七還是用一種「慣用的老實」來欺騙。

「在你眼中，是不是過日子，根本就不需要懂對方。你知不知道，人家熊貓有竹子了，還知道給自己的配偶一半，你呢？」

老七沒有說話。他開始沉默。大魚整理了一晚上的行李，第二天一早就離開了。

6

我問大魚打算什麼時候回去。

大魚說，不知道。這些天，老七一直給大魚打電話。大魚說，彼此還是冷靜一段時間，或許才明白，婚姻對彼此意味著什麼，而另一半對彼此，又意味著什麼。

對懂你的人，無須多言，對不懂你的人，心神俱疲。

大魚說，這段日子，覺得自己輕鬆了許多，或許是只要對於生活和婚姻都向前走一步，就會覺得充滿希望。

7

和不懂你的人在一起，就是災難。

是。

許多年來，我們太希望有一個懂自己的人，不是因為自己累，也不是因為自己苦，而是希望有人能懂你的累，懂你的苦，懂你的倔強，也懂你的堅持不已。

或許是因為我們還對生活抱有期待，於是不希望自己身邊永遠留著的，是無動於衷的一切。不希望那些人，在你快要筋疲力盡的時候，還一盆盆地潑你的冷水，潑到你全身濕透，一直涼到心裡。

在溫暖和寒冷的日子裡，其實，我們都希望有一種相依相偎的感情，那是和周遭不同的溫度，從心裡流出的，愛著你的全部，也真的懂你的一切。

熱鬧的人易散場，慢熱的人最情長

徐小丹可能是我見過最慢熱的人之一。我就和這樣一個女孩交了十年的朋友。

二〇〇六年秋天，新生入學的第一天，所有人都手舞足蹈地表現著自己的開朗和熱情，希望盡快融入這個陌生又以為會熟悉的群體。只有她一個人坐在寢室的一個角落，看著我們嘰嘰喳喳。

我們討論的時候，她就笑笑。

我們說：「妳怎麼沒話說啊？」她竟然羞澀了。

你說她內向也好，木訥也罷，她就是這樣一個慢到讓你遺忘的人。

在這之後的很長一段時間裡，我們都少有交集。

然而，她只是那隻躲在一邊的小貓。內心敏感，絕無壞心，也懂得分寸，後來，她說，友情、愛情，在一起的鬧烘烘不如多日之後的相濡以沫。

熟知我的人，也知道，我偶爾會逢場作戲。但大多數時候，也是那個沉默不語的人。隔壁班的女生曾和我說：「總覺得妳友好又有距離，熟了才知是個傻大姐。」

而兩個慢熱的人在一起，一切不習慣也慢慢習慣。起先，從寢室到教學大樓，十多分鐘的路，我們兩個一路走，可以一言不發，從起點到終點，卻從不覺得尷尬。有人說，妳們怎麼一路都不說話？我們對視而笑。而下一次，又可以繼續高高興興地走在身邊。

感情這件事，如果要長久，就要小火慢煮。

或許是在一起沉默久了，才知有一個和自己一樣的人，是多麼不容易。於是情投意合地便有了開始。只是一直到如今，也常常說著說著，會說不下去，然後，依舊可以安靜地走一路。

經常有人問我，兩個慢熱的人在一起一定很無聊吧？

我想說，閨密之情，不是不願意秀，而是一切都是理所當然的事，實在不值一提。比如，早已做了所有閨密該做的事，一起睡臥鋪去旅行，一起吃一碗麵，一起旅行睡同一張床。只覺得所有情感都是潤物細無聲一般地滲入，早就沒有了任何大喜大悲，成為似水流年而已。

兩個慢熱的人，在十年的友情歲月裡徜徉，在彼此心中毫無芥蒂地越走越深。

熱鬧的人易散場，慢熱的人最情長。

慢熱的人，是不容易在感情中大喜大悲的，他們從來不會在感情的路上，起先就衝刺，而是會在認定一個人之後，慢慢加速。他們用一生在靠近另一個人，也用一生在保護那個愛別人的自己。

熱鬧的人，為什麼容易散場？

因為自始至終，他們的情緒占領了上風，他們並沒有希望真心了解你。他們只是負責這一份當下的熱度，在一切物是人非之後，就可以全身而退。

慢熱的人，為什麼容易情長？

在繼往開來的日子裡，他們想和你在一起，看著彼此合適不合適。他們的每一步都順其自然，他們的每一步都熠熠生輝，他們只會讓你的感情歲月可回首，絕不讓你流落四方，又無可奈何。

現在想來，好像真的是這樣。

有一年，我參加一個大型的酒會。席間有一個男孩子走過來。男孩子顯得非常活潑，見誰都叫「姐」和「哥」，從一堆人遊刃有餘地跑到另一堆人，似乎和誰都有說不完的話。

場面上的事，大多會有些說不清，你也不知道是對是錯，是好是壞。我就看著他熱絡地跑到我們中間，熱情地和與我一道同去的朋友打招呼。

可能他是第一次見我，於是和我朋友寒暄之後，他就開始與我聊天。

他說：「第一次來，妳可要多喝兩杯！」（我搖搖頭，見諒，喝一杯就極限了）「我發現妳長得非常像湯唯。」「妳是不是住在城西？我們以後可以多爬山。」

其實，我已經明顯有一種被交際的感覺。我沒有說話，一直笑著。酒會就是這樣，有人過來了，你就得招呼，觥籌交錯間，都彬彬有禮又假裝熟悉無比。

他和我說得高興。還好，我已經沒有了從前年輕時候的錯覺。等到我這個年紀，就開始懂得一個道理。所有的場面，只會讓你認識一些人，而並不會讓你立刻擁有朋友。

而像男孩子這樣的人，並非一定壞心。只是這樣的人瞬間就像一壺水燙熱你的身體，又會在抽絲剝繭後離去，不留下一絲足跡。

男孩走後，我朋友走了過來問：「聊得愉快嗎？」

我說：「還好，就是初次見面。看得出，是個很熱情的人。」

她說：「戲演得太猛，生活就暴露得太明顯。」

我們散場的時候，男孩走在我們後頭，他和另一個男孩子在閒聊，我和他打了個招呼。男孩子斜了我一眼，歪了歪嘴，繼續跟另一個男孩閒聊。

判若兩人。

談不上任何傷害。只是覺得當時自己的猜測得到了印證，又覺得略略有些寒心。所有對別人略有偏頗的預料，在狠狠得到證實之後，還是會難過。

熱鬧過後，就是一陣安靜的荒涼，好像真的是這樣。

熱鬧是用力氣，而長情是用心血的。

所有的一切，力氣是今時今日的事，而心血卻是在你的命脈裡，不停流轉的一切。

我曾看到許靈子的一句話：「速熱的人易速凍，慢熱的人最長情。」那時就覺得在緩緩而至的人生裡，長情大概比熱情重要許多。而如今，更是在情感中，赴湯蹈火又小心翼翼，陳香四溢，又何愁一時之快，要知道，那開了一夜的曇花，到底是不如那些傲嬌的四季的花啊……

感情也是，任何一段感情都是，或許真的是那一句，生活也是，感情也是，關鍵還是處得長。

嫁給他前，記得先看看他「斷奶」沒

前段時間，我的閨密Sony跑來我家。那個下午，我家的紙巾都快被她哭沒了。我自然是不擔心紙巾的，我擔心的是她。

Sony說：「我從前不知道『媽寶男』是怎麼個模樣。現在終於知道了，『媽寶男』就是從今往後，他是傀儡，妳好像嫁了一個母親控制下的男人，妳好像永遠得照顧著他，也順從著他的母親。」

Sony的老公老秦確實是個「媽寶男」，在家裡，永遠被母親寵著，也永遠聽母親的指揮。

五年前，發生過一件事，Sony和老秦買車，錢是Sony和老秦一起出的。Sony的意思是買一輛四人座的轎車，小車比較輕便，而老秦母親說以後人會越來越多，叫老秦買一輛商務車。老秦二話不說，第二天，就跟他母親一起把商務車買了回來，要知道，那是他們結婚兩年來的所有積蓄。Sony當時是真的很生氣，倒不是因為買了一輛商務車，而是感覺到一種不尊重。兩個人的世界，兩個人的積蓄，卻不是兩個人決定的。

而這一次，是因為買房。Sony和老秦看中了一間房，離Sony的父母家很近。是的，老秦是離不開父母的，Sony覺得公公婆婆住在一起也沒什麼大礙。但Sony的父母身體一直不是非常好，Sony希望能買在城南，離自己的父母家近一些，也方便照顧。不料，老秦的母親跳出來，說，必須買在城北，因為她的小姐妹都住在城北，方便聚會。

Sony問老秦：「你說該怎麼辦？」

滿以為老秦至少會安慰一下Sony，或者在決定前說一句「對不起」，不料，老秦脫口而出：「我覺得還是要尊重我媽，畢竟她是我媽啊。」

Sony問：「那我是你的誰？」老秦沒有吭聲，只說了一句：「別鬧了。」

我看到Sony失望的樣子，彷彿是一個女人最深的絕望。這個男人終於把她丟進了萬丈深淵，而她無法呼吸，開始迷茫。

我想起一句話：「一個人從身體上斷奶容易，但從思想上斷奶非常難。」因為在許多年的生活裡，土壤與根分離總是需要力量，而新生也需要勇氣。

有一個解釋，關於「媽寶男」的，指一把歲數還是媽媽的好寶寶。就是什麼都聽媽媽的，什麼都以為媽媽是對的，什麼都以媽媽為中心，他們的人生道路，基本由媽媽設計。

這樣的男人，從某種意義上說，就是思維上的惰性。因為他知道，只要按著母親的意願走，不會讓自己活得太慘。心為形役，他便懶於去為自己想要的一切爭取。

但人的一生總是要在思維上斷奶的。就好像你出席每一場盛宴，要有你自己的華光流彩，而不是永遠牽著別人的手，走出別人的風光。

現在的女孩子來問我，該嫁什麼樣的男人。我的第一句話一般是，他斷奶了嗎？

如果一個男人，上街買衣服，需要讓母親做主；學專業，也是母親選擇的；去求職，需要母親陪著投簡歷；那麼就是著名的「媽寶男」。

和沒斷奶的男人在一起，就是和餵奶的母親和沒斷奶的男人同時在一起，妳要用一個人的力量與兩個人相處，不是不願意，而是因為累。

當然也不排除妳歷經千辛萬苦，終於把「媽寶男」改造成了「熟男」，比如《辣媽正傳》裡的元寶。但首先妳要確定，妳能在男人改變前，歷經他的種種懦弱和無主見，永遠不知西東的樣子，而不離婚。

婚姻，從來不是讓兩個人辛苦，而是讓兩個人輕鬆又快活，不是嗎？

我和老陳結婚前，老陳和我說過一句話：「妳放心，別的我不敢保證，但有一點是，我在家裡有絕對的話語權。」換言之也就是，我不必擔心我和婆婆吵架時他會幫誰，他只會站在對的那一方。

我和婆婆最近的一次爭論是關於小叔的事，也就是老陳弟弟工作的事。這可能是結婚兩年以來，我和婆婆的唯一一次爭辯。而這一次，我才真正覺得，嫁給一個斷奶的人，到底有多重要。

婆婆的意思是，希望我能再為小叔找份工作。其實在這之前，我已經為他找過一個工作，可能他覺得比較辛苦，做了兩天就離職了。而我覺得格外為難的是我小叔的心態，要知道，沒有一份工作是不辛苦的，沒有一處職場人際是不複雜的，有人的地方就有江湖，所有看起來的繁華背後都是一磚一瓦的堆砌。

當然，沒有一個母親是不為自己的孩子考慮的，輕鬆又高薪，事實上，這個世界上沒有這樣的工作。

我把想法告訴婆婆後，婆婆非常不高興，一度關係僵化。但老陳的態度是讓我安慰的，他非常堅決地站在了我這一邊：一，不辛苦的工作，在這個世界上是不存在的；二，一個年輕人，連自己想做什麼都不知道，想得到什麼都不知道，就是一種失敗；三，找工作就是去使用自己的情面，情面用多了，並不是一件好事。

我非常感恩老陳堅決站在我這一邊，老陳說：「不是有了老婆忘了娘，而是我除了有母親，也有老婆，都是我的親人。說一句最俗的話：『把水端平了，日子才過穩了。』」

是啊，男人的態度，有些時候就決定了妳的生活質量，決定了妳能不能更自主地活在婚姻生活裡，決定了愛與自由。

一個男人愛不愛妳，首先是看他有沒有「斷奶」。他能獨立地思考，才能獨立地愛妳。因為從今往後，他不會為誰而愛妳，也不會為誰而放棄妳。你們彼此照顧情緒，也彼此相愛相殺，別人都是觀眾，而你們才是主角。

和獨立的男人在一起，往往更長久。是啊，斷奶了，意味著你們的未來就成熟而自由了。

和什麼樣的男人分手要趁早？

1

大寧終於分手了。終於終於終於！

她很坦然，「妳看，我今年又沒嫁出去，於是，明年的新年目標比今年還不如。今年，我的目標是，要嫁出去，明年的目標是，先得有個男朋友。」

或許於她來說，最大的不同，就是幾乎所有人都知道她又恢復了單身。結束一段感情，總是會有或多或少的動情，然後也需要處理感情的「後事」。

我覺得，其實應該再早一點結束。不過結束了就好，好歹沒有留著過年。

大寧一直滿猶豫的，畢竟他倆戀愛了兩年，也一起去過很多地方。

我說：「兩個人在一起一年多了，三十多歲了，也該談談結婚的事了。」

大寧說：「妳信不信，他都沒有在他父母面前提過我。」

「前次他的父母來的時候，我說，不如見見吧。結果，他說，不成熟，再等等。後來，最近一次，他父母問他有沒有女朋友，他吞吞吐吐。而且那個時候，我就在他身邊。

雖然現在想起來，自己滿賤的，為什麼要逼迫別人？一個男人，都不願意把妳介紹給自己的父母，說明本身不願意邀請妳進入他的家庭。」

大寧說完的時候，我想起有一次，我們三個人在路上走，忽然她的男朋友躲了起來。大寧很尷尬。

我說：「你這是幹嘛呢，大哥？」

他沒吭聲，看到他和幾個陌生人笑了笑，據說是他以前的同學。

我想起一句話：「他愛不愛妳，就看他能不能帶妳走進他的圈子。」

2

前段日子，我做一個線上直播，很多人問，和什麼樣的男人交往應該分手？

我說，我更願意告訴妳，和什麼樣的男人交往分手要趁早。

一，愛撒謊的男人；

二，對妳忽冷忽熱的男人；

三，不願意帶妳進他的生活圈子的男人。

換言之，在愛情序列裡，沒有愛妳到無可替代的男人。

我特意強調了愛情序列，也就是，那與親情、友情是無關的，你可以喜歡你的父母，喜歡你的長輩，你可以和朋友把酒言歡，可以和朋友不醉不歸。

但是，我必須是你那個無可替代的愛情，你必須把我帶進你的世界，你必須大大方方告訴別人我是你的唯一，你必須對我誠實對我有愛，你還必須，至少是迫不及待地希望我盡快進入你的家庭，迫不及待地希望戀愛短一點，婚姻長一點，長相廝守一輩子。

我說的只是感覺。妳至少是，得嫁給這樣的男人。而那些，沒有愛妳到無可替代的人，我覺得，還是分手吧。

3

我曾經在認識老陳之前交過一個男朋友。

我父母見過的。

這個男朋友是我的學長。高大、帥氣、陽光，大概配得上所有的溢美之詞。他待我很好，我實在不能否認。

可是，現在想來，一直有一件事情耿耿於懷，他可以帶我去任何場合，卻獨獨不願意帶我去他的大學同學會。

我所知道的是，他的前女友是他的同班同學，所以，他從來不願意我出現在這樣的場合。

我問過他：「為什麼不帶我去呢？」當然，我當時的內心戲是，也不是非去不可，我只是想知道原因。

他想了想，說他也要顧及前女友的感受。

後來，分手的原因，是大家覺得無法再相處了。而現在想來，不過是因為，我畢竟不是他那個唯一很在乎的女孩。

4

男人都希望女人懂事。女人可以懂事，但男人要懂得專一。

有時，我不知道為什麼有些男人會覺得要找備胎，備胎這件事本來就不應該存在。對待一個人，要嘛1，要嘛0。

放一個備胎，可能你擔心的，不是她爆炸，而是自己新鮮感一過，就要重新再來。

有一句話是，愛是一心一意，不能三心二意。

愛情本來就是自私的，這個序列裡永遠只能是唯一解，不能模棱兩可。

如果你不能待我全心全意，也請成全我再找一個一心一意的人。而你，如果覺得我並非無可替代，也麻煩讓我遠走高飛。

和什麼樣的男人交往，分手要趁早？

不愛妳的男人，不是全心全意愛妳的男人，不是愛妳到無可替代的男人。都該讓他走。

因為不是唯一，是很難天長地久的，婚姻也是。

chapter 3

別讓你的善良為愚蠢買單

善良很珍貴，
但沒有保護自己的盔甲，
就是軟弱與委屈。

不要太逞強，沒人會心疼你

我看過一個故事，寫的是一對姐妹。

一個非常能幹，攬下了所有的工作，不停地幫助別人，也不停地逞強；一個非常會哭，動不動就淚流千行，柔弱地躲進別人的臂膀下。到最後，面對姐妹兩個共同喜歡的男人，周遭的人卻認為，能幹的女孩應該把這個男人讓給柔弱的女孩。

我大概忘不了結局那段寫能幹女孩不停地哭的片段。

我變得強大，不是代表堅強，而是希望能夠被讀懂，也有機會柔弱。

許多人都有這樣一種感覺，你有足夠的能力迎接風雨，就不必有人再為你遮風擋雨。而許多時候，我們都濕了衣衫，濕了雙腳，卻只有自己知道，堅強的代價是涼到心透。

我第一次覺得逞強不是一件好事，是在十五、六歲的時候。

那一段時間流行性感冒盛行，一種病菌的來臨總是讓一群人如山倒下。整個班級很多同學都感冒了，包括我。

那天發著燒，母親早上來叫我的時候，根本起不了床。母親問我：要不要請假？我想了想，說不用了。

是啊，不起床又能怎樣呢，落下的課程得補，作業也還在。沒有嚴重到寸步難行，實在沒有太多的理由。

我忘了自己是怎麼一邊和老師微笑，和同學笑嘻嘻地像個沒事人，一邊腦袋卻又一陣陣地發暈，整個人像要快倒下一樣，我甚至還幫助班上那個生病的同學倒水，然後，自己卻頭重腳輕地回到座位上。

那時，學校每天上午休息時間跑步，老師說，生病的人可以不去跑。說真的，長跑這回事，沒幾個人樂意，病快快的人可以理所當然地選擇不去。而我坐在座位上，剛剛準備趴下，班上的一個女生力大無比地敲我的後背，說：「妳怎麼不去啊？」

我說：「我感冒了。」

「妳怎麼感冒了？剛剛還看妳好好的。妳看其他生病的，一副病快快的樣子。真是半點看不出妳生病。」

我說：「我真的發燒了。」

女生還是站在我身邊，一副我在裝病的樣子。那時的我，不知道該怎麼證明，我已經燒了好多天，也咳嗽了很多日子，我吃很多的藥，也喝很多的止咳糖漿。

班主任沒說什麼，她常常睜一隻眼閉一隻眼。而女生的臉上，彷彿有一副獠牙，不斷在我眼前晃動。

那時年少的我告訴母親這件事的時候一直哭，像是受了委屈的孩子。後來，母親和我說，生病的時候，就該有個生病的樣子，不是所有人，都會懂妳在逞強。

是，這個世界，不是你逞強，別人就一定懂得你的堅強。

我的好友大閒給我講過一個故事。她剛工作那時，她是如何把自己累垮的。

年輕人應該努力，但不要過於逞強；要馬上進入狀態，但不要拉滿弓，把弓拉斷了。

她有一句至理名言是：「人生就是一捆頭髮，時間荏苒，越來越少。而你就是那根橡皮筋，不要急急忙忙地把頭髮紮得非常牢固，容易斷。」

在我們的人生裡，最重要的不是得當、分寸、溫和，不是假裝逞強、假裝剽悍，假裝永遠無所事事。

大閒進公司的時候，承擔了很多的工作，除了自己的本職工作外，她還承擔了所有人不愛做的工作。

比如打掃辦公室的衛生。原來掃地的是公司的老大姐，一直苦於掃地這工作沒人做，和主管說了幾次沒下文，主管說：「誰肯接這工作，妳就給誰。」所有年輕人都沒有接，除了大閒。於是，那個老大姐每天的工作只剩下了分報紙和吃瓜子。

比如整理檔案的工作。因為職位特殊，每個月需要整理一次檔案，沒人願意做，連一同進去的年輕人，也紛紛搖頭。主管說：「大閒，妳兼一下，一個月就那麼一、兩天。」大閒想了想，一個月三十天，犧牲一、兩天，也可以。後來，她發現，哪是一、兩天的工作。

工作越來越多，並不打緊。「年輕人要吃苦，年輕人要有幹勁。」大閒一直這樣安慰自己。後來，她才明白，什麼叫力所能及，什麼叫過猶不及。當你能夠在有限的範圍內盡善盡美地做完所有的事，是成功；當你並沒有能力做完所有，卻主動承攬，是自不量力。

大閒每天早上七點到公司，晚上八點回家，週休日也連續不停工作。這是正常的。最慘的是月底和月初，要做所有的總結和整理，大閒有時就只睡那麼兩、三個小時。

大閒很想說「不」，可是她開不了口。生病了，感冒了，吃了藥，繼續昏昏沉沉地做事。

三個月後，大閒終於病倒了，倒在了自己的床上。是，當一個人拉滿弓還不停地被加壓，那麼他就離倒下不遠了。

大閒在醫院給主管打電話，說自己可能一週沒有辦法上班了。

主管說：「妳怎麼生病了？妳趕緊養好病，多注意身體。」驀地，加了一句，「還有很多工作呢！」

大閒覺得整個人涼到了心底。她上班的時候，和主管說，能不能給她減點工作量。

主管說：「我覺得妳做得很好。真的。但妳要注意身體，不能再病倒了，否則很多工作都做不了。」

大閒「呵呵」了兩下，她發誓，過了半年的實習期就走。

實習期後，所有人都通過了考核。而就在那一天，大閒遞交了辭呈。

其實，你那麼逞強，別人就以為是你堅強。不能要求所有人都懂你，但面對不懂你的人，選擇拒絕是最好的事。後來的大閒，去了一家公司，她不再和從前一樣，做所有的事，全攬在自己身上。她把自己的事做到精緻，在高興和樂意的時候，幫助別人做事。她的口碑非常好，他們說她是好人。她也成了同一批中第一個升職的人。

許多時候，人生就是這樣，你越逞強，你的付出就越廉價。而真正的強者，從來是攻守得當，分寸自如，他們始終知道，不是你逞強，這個世界就會懂得你的不容易。

我們總是要懂得適時放下自己逞強的面具，給別人最誠實的你。不那麼完美，也不那麼要強，卻那麼真實。

不柔弱，有讓自己堅強的本事。不逞強，有直面自己脆弱的勇氣。然後尊重自己的內心，就是給自己最好的生活方式。

為什麼說要遠離「待人因人而異」的人？

1

說一個故事，告訴你們「待人因人而異」的最簡單釋義。

我剛進公司的時候，去食堂吃飯。那時有一個傳說，如果你是普通員工，是吃不上瘦肉的。

一開始，我還不信。年輕人總是這樣，對許多事，抱著格外的信任，最後卻發現，事情總是朝著與期望相反的方向走。

許多碗肉放在裡面的廚房裡。我和同事都拿到了相同模樣的菜，五塊肉，每塊上面幾乎只有一個小手指多的瘦肉。

「吃魚的時候給魚尾，吃肉的時候給肥肉。」公司的一個老同事說，妳要適應。我笑笑。他給我點了點附近一個略微有點年資的員工說，妳看他的那一碗，是不是比妳的質量要好。

我瞟了一眼，還真是。肥瘦相間。

之後的一段時間，我發現，你拿到的菜不能說完全跟你的職務匹配，但一定與你在公司的地位有一定關係。我人生第一次用最原始的方式被「待人因人而異」，也覺得新奇。是，面對什麼人，用什麼樣的面孔，用什麼樣的手法，用什麼樣的態度，就是待人因人而異。

不過這個廚師後來走了，不知道什麼原因。大家都很高興。

2

這個世界，最可怕的，從來不是討厭你的人，因為你知道他討厭你，所以你早已做好了所有的準備；而是那些待人因人而異的人，你永遠不知道他對你會做什麼事，會用什麼招數。

有人說，待人因人而異的人，不是你想遠離就能遠離的，萬一碰到了怎麼辦？我的意思是，除了工作上不得已的來往之外，千萬不要成為朋友！你有再多的武器，也不知道他用了什麼武器。而他假面具太多，你始終不知道他會用哪一張。

為什麼說，要遠離那些「待人因人而異」的人？因為他們心機重，計謀深。因為你會發現，他們今天戴的面具，不是昨天的面具，也不是明天的面具。因為當你得勢時，他對你笑語盈盈，恨不得把你捧在手上，被你駕馭；而當你失勢時，他的白眼比誰都冷，他的冷漠比誰都深。

3

父親還在工作的時候，始終遠離一個人，化名叫林明好了。我年少的時候，不太理解，因為他好像總是熱情地往我家跑，但父親對他永遠沒有那些好友來訪時那麼熱情。有著賓客之道，你來我往，寒暄兩句，好像很快就會結束。

若干年後，父親對我說出了原因。那一次，他們公司與其他公司有業務往來，來上門談業務的，是對方公司的一個主管的親屬。那個親屬很客氣，敲門，然後進門，客氣地說：「請問林明在嗎？」這當中是有一個誤會的，老總那天沒有和林明說，需要他接待。那個時候，林明已經是公司的副科長了。林明斜了他一眼：「我的名字是你叫的嗎？你有約過嗎？」

到訪主管的親屬臉色很難看，然後到旁邊科室，也就是我父親的科室去給當時父親公司的老總打電話，把剛才林明對他說的話原原本本說了一遍。聽起來很平靜，顯然是已經過了憤怒的感覺。

過了五分鐘之後，林明走了過來。一邊說自己的不是，說自己身體不好，心情也不好，還跟那個主管的親屬又是搭肩，又是遞菸。

父親說，我當時想的是，不管對誰，你總該有一個年輕人最基本的教養，可以不用對每個人都那麼熱忱，但必須對人禮貌。別人沒對你的待人因人而異下狠手，是你的幸運；而你對別人彬彬有禮，是你的素質。

業務最後沒有談成，對方說的是沒有合適的展位。但父親說，他大概這輩子都不會忘記那一天的林明，把面具戴上又拿下，靈活自如。

後來，也有幾次，父親看到的情景，大約見證了你的背景和你對他的價值，決定了他對你的態度。他對工人大吼大叫，又對主管極盡諂媚。父親不想說什麼，他只是一直對他保持著必要的距離。

父親的預測是準確的。林明整整跑了我家六、七年，但在父親離開那個公司後，突然戛然而止了，林明再也沒有來過我家。

父親沒有說什麼。他只是覺得，幸好沒有對他太過於接近，否則面對他的突然離開，又多多少少會傷心。

有些人與你在一起，是因為你對他有用；有些人與你在一起，是因為他對你有情。待人因人而異的人，永遠是那種在你沒有價值之後，悄然離開的。

4

你身居高位，他捧得比誰都使勁；你退出視線，他跑得比誰都快速；你得勢之時，他對你全心全意；你失勢之時，他也可能還會插你一刀。

待人因人而異的人，他的熱情不是對你的熱情，而是對你的身分、你對他的利用價值熱情；他的冷漠，卻是因為對你身分和利用價值的冷漠，直接撲面而來對你潑冷水。

5

遠離待人因人而異的人，因為你永遠不知道，明天和意外哪一個先來。而他為你準備的面具，卻比你想像的更多。

人心涼薄，那麼那些「待人因人而異」的心，你早已可以預知。什麼溫暖的擁抱，什麼冷到極點的冰塊，都可以隨意自如地端到你面前。而你離得遠一點，他就到不了你的身邊，他戴了什麼面具，你也無所謂；他對你下的菜，你根本收不到。彼此相望，便不再所謂了。

別讓你的善良為愚蠢買單

1

我在西班牙旅行的時候，同行的旅伴是個四十多歲的中年女人，兩個女人在一起，時不時會探討育兒問題，關於孩子的成長和性格養成，有說不完的話。

有一次，我們談到一個問題，關於善良是不是一件好事，她和我說了一句話：善良是好事，但不要為愚蠢買單。

她給我講了一個故事，關於她的兒子。

她兒子在大城市長大，高中之後去了縣城。縣城裡的孩子樸實，許多人家境也很一般。他們家境好，她很早就開始開公司，現在每年的收入也穩定，所以她的兒子在班上，幾乎成了最有錢的孩子之一。

她兒子有一個特點，喜歡借錢給別人，這個同學錢不夠了，借兩、三百，那個朋友家裡出了事，就省下零花錢給別人。她說，她覺得這樣的善良是好事，但要懂得兩件事：一，把錢借給真正需要的人；二，如果不是對方家裡非常困難，麻煩一定要把錢還回來。

「借錢給別人，真正的原因是救急。不要因為把錢耗在那些高高在上不想放棄現在的富足，一不小心又維持不了他的開銷，而轉身希望你支撐他一把的人。那不是善良，而是愚蠢。」

一個人最大的能力，是不讓自己的善良為愚蠢買單。

2

我從小根深柢固的思想裡，有一種先人後己的意識。所以一直到我上大學之前，我都會悄悄把自己放在最後的位置，總覺得那是一種最大的善良。如果沒有朋友那件事，我大概一輩子不知道「愚善」是多麼可笑。

有一年，我的一個朋友千里迢迢給我打來電話，她那時在外省的一所大學，她說，她只是覺得不知道該和誰講了。他們班上有一個同學家裡很窮，拿著學校的助學金，每次在她面前講述自己家庭的不幸。確實，一直到後來她們翻臉，她們家也還是很窮。

我朋友聽過她們家的經歷，她說，可能是她聽說過的最窮的家庭。但她還是決定每個月從父母給她的生活費中省下三百元給那個同學。其實，我這個朋友家境也一般，工薪階層，父母比較寵她，幾乎她說什麼就是什麼了。

但她慢慢發現，自己省吃儉用，那個同學的開銷卻遠遠在她之上，一拿到助學金就開始買化妝品，衣服雖然比較廉價，但也沒過多久就買各種新衣服。食堂裡也很少見她吃飯，她常常和別的學院的人一起上館子，用錢很快。

「她日子過得瀟灑，我倒是緊巴巴的，實話實說，我每個月給她生活費，是因為她貧困，而現在我卻發現，她是因為不夠富裕，才需要我的錢。可她家真的很窮。」我聽到她在那邊委屈得想落淚。

我那時才理直氣壯地說：「我覺得妳是時候斷了她的念想。」我說，「如果真的很窮，她可以日子過得節約一點，也可以一邊讀書一邊打工，而不是拿著妳的錢，四處逍遙。」

一個人最大的問題，是不能「愚善」，你力所能及，但也看他是否十萬火急。人最大的問題，是本來想成為救人於危難的救護車，最後變成了別人搭乘的免費公車，讓他們過上他們想過的日子。

朋友不好意思開口拒絕，只能婉轉地說父母縮減了自己的開支，希望那個同學能夠去打工，因為自己怕是不能給她生活費了。

那個同學自然是不高興，一直到畢業那天，都沒有正眼看過我的朋友。

3

你的善良，要給真正愛你的人；濫用的善良，就是愚善。

如果他窮困是因為不能降低自己的生活標準，麻煩不要用自己的生活標準去補貼別人。

如果他不高興是因為得到的不夠，麻煩先看看你自己有沒有富足再給予他人。

如果他需要幫助不是那麼焦急，麻煩先問問需不需要讓自己犧牲太大的代價去先人後己。

先富帶後富。最關鍵的是先富，而不是用自己的貧窮去換別人的富裕，用自己的拮据換別人的瀟灑。

4

這些年，我私底下，也借出過一些錢，但大多不是因為貧窮，而是因為實在十萬火急。

一次是我一個朋友的父母生病，借了一萬塊，半年後歸還的。

一次是我朋友辦結婚酒席，省吃儉用四、五年，硬生生差了八千元，然後我借給了他。

但我也拒絕過許多所謂的借錢，翻了好幾次臉。最強的一次翻臉，是我一個朋友想賣掉開了五、六年的車子，去買一輛六十多萬的越野車，而他的經濟能力並不足以支撐他購買。

他說，能不能借他十萬，因為他想買車。

我說，不好意思，可能我也並不寬裕。

他想了想說，他寫借條給我。

我說，其實，你也可以選擇貸款。

他看了看我，冷笑了一下，貸款？那要妳這個朋友做什麼？

我為什麼沒有借他？一，我並不覺得自己已經有錢到了借出十萬元也能隨隨便便的時候；二，我並不認為，買這輛車是他的必要需求。

是，我們至今也沒有再來往。也好，如果錢是友情的綁架，我寧願一無所有。

5

希望你的善良不是因為愚蠢，而你也要保護自己不因為善良而受傷。

聰明是一種能力，善良是一種選擇。

我們總要為了自己，慢慢成長，讓所有的善良都讓自己豐滿，而非血肉模糊。

我不是冷漠，我只是「選擇性熱情」

前幾天，我朋友給我發了一張截圖。還是大學時代的一個群裡，大約是有人看到了我的文章，於是好奇地問起我的長相。

其中一個男生回覆了一句：「原來是短髮，是個滿面孔冷漠的女人。」

我朋友截圖給我看的時候，她說：「這樣評價妳，妳說要不要跟他去辯？我覺得妳完全不是面孔冷漠的人。」

我說：「他說得沒錯啊。我對不熟悉的人，從來不會太熱情。」

是，一、兩年前的一個下午，我在工作的時候，這個男人一直用社交軟體問我各種各樣的問題，我回答了幾個問題，實在回答不下去了。我說：「我很忙，不好意思，也請您認真上班。」

然後他把我刪除了。

若干年後，我就成了他口中那個面孔冷漠的女人。

人生是個江湖，江湖裡總是有那麼多的匆匆過客，也有那麼多的至真至交，他們在你的周圍，來來往往，漂泊不定。

你突然發現，這就是一個巨大的漩渦啊，所有的水花集中在你的身上，而與你最親的永遠是那些與你一同高興一同哭的人。

至於站在最外圈的，根本只是遠遠地望著你而已。你高興的時候，他未必見到，你傷心的時候，他也未必感同身受。

你哪有那麼多時間，你也根本沒有那麼多心情，與所有的人熱情。

我的朋友老錢是個非常酷的女孩子。酷到什麼程度，就是整天穿著賽車服，開著她的越野車四處喝咖啡，偶爾也抽菸。

她在圈子裡，是著名的仗義，仗義到我們幾個小姐妹誰跟老公吵架了，她就開著她的車接回她家住。據說，她老公會買很多消夜，然後幾個人在家通宵看電影。

我對她的仗義印象是，有一次，我車子壞了，問她借車。據說，這個世界很多人的原則是，車子和另一半恕不外借。我也沒抱多大希望，畢竟我的圈子裡，除了她家有三輛車，其餘的都只有一輛。

結果，她立刻把車送來了。她把車鑰匙丟給我，然後把汽車的所有常用功能說了一遍，大搖大擺地走了，走前還說了句：「妳愛用多久就用多久。」

兩天後，我的車子修好了。我打電話給她：「我把車還給妳啊。」

她說：「我出去旅遊了。妳再幫我開兩天。」

老錢對我們是出了名的熱情，對不熟悉的人也拒絕得乾脆。

她愛旅遊、愛攝影是出了名的，一年砸在攝影上的錢不少於十萬。書房裡沒什麼書，整個櫃子裡都是攝影器材。

她相機那麼多，可從來不隨便借人。她和公司的一個同事鬧翻，就是因為她不肯把一個鏡頭借給他。

同事知道老錢有那個鏡頭，因為有一次一起出去旅遊，他們都帶上了相機。

那個同事看到老錢的相機，說：「小錢，這個相機不錯啊。」

老錢隨便說了一句：「這個相機我不怎麼用了。」確實，那個相機老錢不怎麼用，她相機更新速度驚人，但沒一個捨得扔。長槍短炮地背在身上，過一段時間就換。

後來，沒過多久，那個同事問她借那個「不怎麼用的相機」，老錢一口拒絕了。那個同事自然不樂意了，指著她說：「大家在一起，一點面子都不給啊，借妳的相機用一下怎麼了？」

老錢拒絕得很堅決，「我的東西，我自然有權利選擇借不借給你。」

後來，老錢說，如果是熟悉的人，我願意。哪怕不願意，咬咬牙也借了。可是，不熟悉的人，點頭之交，我真的無法將自己的一切託付，哪怕只是一件過時的東西。

不是每一個人都有資格獲得我的熱情。我不是冷漠，我只是「選擇性熱情」。

我以前總覺得待別人好，別人也會用同等的愛還給你。但後來才發現，並不是。

當你的熱情鋪得滿世界都是，你的熱情便是廉價之物。

在一次沙龍裡，一個女企業家給我們講了一個故事。

她的公司曾經同時招入兩個員工。一個員工比較周全，屬於老好人類型。比如每次同事有什麼事，都是有求必應，哪怕手中有工作，也會放下手中的工作，先去幫助別人；比如帶一種小零食，會把整個辦公室都分一圈；每次中午聚餐，總是不停地和不同的人併桌子。所以，她迅速和所有人打成了一片。

另一個員工截然相反。如果她在工作，她不允許任何人打擾，除了直接主管的要求或是非常緊急的情況，她都會拒絕；她有固定的午餐夥伴，也有固定的玩伴；她彬彬有禮，卻始終和一般的同事保持距離。

半年後，所有的關係開始明朗。後一個員工在公司的評價遠遠甩開了前一個。大部分同事覺得，後一個同事更值得信賴。因為能夠與她在一起，是一種被選擇和被需要。至於前一個員工，她均分的感情裡，始終沒有一個人成為最親密的人。

是不是許多人會為前一個員工叫屈？我也為前一個員工叫屈，她耗費了精力和時間，卻換來了別人的理所當然和置之不理。可是，真正聰明的人都懂得，你的同心軸裡，根本容不下太多人，照顧好同心軸裡的人，才會讓你走得更遠也更快。

選擇性熱情，在許多人看來是冷漠。冷漠就冷漠，只要不是沒教養、沒素質和沒文化就好。畢竟，一個人的熱情有限，要用在自己喜歡和值得的人身上。

這些年，我唯一練習的一件事，就是「選擇性熱情」。我想把時間浪費在自己喜歡的人身上，至於其他人，我禮數不缺，未必非得見面擁抱、分別哭鬧，因為我也根本沒有面面俱到的時間和本事。

熱情的人會有光芒，但真正的光芒是聚集成一束，灑在需要的人和懂你的人身上。光芒太散，迷失在空氣中，即便穿過塵埃，也未必真的照亮了誰。

人山人海，人生苦短，願有心愛著自己，也愛自己喜歡的人，如此，就已經足夠。

能用錢解決的事，盡量不要用人情

這個世界，「人情」這個詞語，總是顯得神秘。人情恩惠，好像是人與人之間的輪軸，在千山萬水的世界裡，會相聚，也容易擦肩而過，會有面面相覷的動容，也會有轉身離去的決絕。

你是不是總是有那麼一種感覺，會非常想用人情，來做到事情的簡便和價值最大化？可是，你也會發現，人情總量，越用越少，越用也越廉價。

真正聰明的人，應該明白，能用錢解決的事，盡量不用人情。我第一次聽到這句話，來自於我的父親。

年少的時候，隔壁有個鄰居，是某企業的一個老總。今時不同往日，二十世紀九〇年代某企業的老總，威風得有一個司機，也有一輛桑塔納，呼呼地從豪華住宅裡進進出出。

老總是個低調的人，平日不上班的時候，很少出門，總是待在家門口小坐，與我爺爺奶奶也極其合得來。他的妻子呢，也是每個早上，和我奶奶一起在露天，剝著滿盆的毛豆，聊聊家長裡短。她家這週走哪個親戚，明天買什麼菜，奶奶都瞭如指掌。所以，說起隔壁的事，我們當作是閒人瑣事，每天聽奶奶細數。

有一天吃飯，奶奶突然神秘地說：「你們知道嗎？他女兒讀書借學費花了五千元。」奶奶說得很小聲。

母親驚訝地問：「他可是老總啊，我就不信沒有這人脈，還需要借學費。」

父親抬了抬眼，笑了笑。父親一直很欣賞那個老總。很多認識我父親的人都知道，父親是那種是非分明的人，他永遠不會因為誰的話改變對一個人的看法，他也永遠相信自己辨人的本事。

奶奶對父親說起這個老總，說多可惜啊，權力不用，過期作廢了。

可父親覺得這位老總是個聰明人。人情禮尚往來，他又怎麼不知道，用了這個人情，需要用怎樣的人情去還呢？父親說了一句話，我大概永遠記得：明明可以花錢辦好的事，為什麼偏偏要去用人情？

這個道理，我也是過了很多年才懂。許多時候，可以用錢打點好所有，就不要把人情用盡，欠下的是人情，償還的可能是讓你格外為難的事。

三年前，我一個朋友總是很自豪。她的初中同學在家做私房烘焙，基本上，每過兩、三天，她就打電話到那個同學家裡，開著車去拿各種小甜點。

每次我們聚會的時候，我的朋友就格外得意，那些年，小城市的私房烘焙剛流行，價格也沒那麼親民。

她呢，也常常說，有個會烘焙的朋友真好啊，從來不花一分錢。她一邊說，一邊給我們看各種美食大圖。

「我想吃了，給她打個電話就成。」她總是搖頭晃腦。

我們這些沒品的吃貨自然是羨慕的。只是，羨慕的時間不長，大概三個月後，我的朋友就和那個初中同學鬧翻了。

這件事，我一直不知道該怎麼說，但至少讓我明白一個道理：你用了多少的人情，就莫怪別人用你的價值。

她的初中同學開始越做越好，於是要開一個烘焙店。開店要做店內裝潢設計吧，我那個朋友就是做室內設計的。初中同學給她打電話，大致意思是：妳幫忙做一個設計稿吧，不用太麻煩，有時間的時候幫我做一下就可以。

我朋友說可以啊。於是，開始聊細節，可是聊著聊著，總覺得哪裡不對。

一直到最後，那個初中同學說，真是麻煩妳了。幸虧有妳這個朋友，別人讓設計公司設計一個方案都幾萬呢。我那朋友才恍然大悟，她只是需要她一個免費的設計圖。

我朋友說：「真的不好意思，我做設計稿，可能可以給妳一個低價，但免費，可能做不了。」她那個初中同學生氣地說：「我給妳做的所有甜點，也都是花了時間成本和人工成本的。」

「妳說多少錢，我給妳錢還不成嗎？」我朋友說。

「妳怎麼當時不說呢？」初中同學掛了電話，我朋友把她拉到黑名單了，當然，那個初中同學也把她拉到黑名單。

後來，我的同學說，這成了她人生中最後悔的一件事。「是，莫名覺得自己是貪了小便宜，把人情看得太廉價的人，自己的價值也會變得廉價。」

想要什麼，能自己買，就盡量自己買；想做什麼，能用錢解決的，也盡量不要省錢；想去什麼地方，別總想著去借宿、去蹭飯。能用錢解決的，盡量不要用人情。

後面連著發生過兩件事。

一件事發生在小樣身上。小樣在Ｓ城，她的一個朋友在電影院工作，據說那個電影院，每個員工每天可以帶一個人免費進電影院，每次呢，她去看電影，她那朋友都會給她開綠色通道，就這樣兩、三年過去了。一天，那個朋友和她說：「我兒子明年要上幼稚園了，妳看，妳能不能幫我去你們幼稚園託託關係。」是啊，如你所料，小樣是一個幼稚園老師。小樣可為難了，幼稚園入學，哪是她一個普通老師能夠決定的。最後，兩個人不歡而散，小樣也再也沒去那家電影院。

另一件事呢，是發生在我Ｈ城的中學同學小米身上。她的一個小學同學，大概是業務區域劃分的關係，總是去Ｈ城出差，而公司只能報銷一半的住宿費。於是，那個小學同學，每過一段時間都會住在小米家。說實話，閨密之外，有一個外人總是來家裡借宿也不是一件很愉快的事。後來，大概過了半年，小米實在忍不住了，她說：「不好意思，我覺得妳打擾了我正常的生活。」那個同學說：「沒有啊，我只是晚上來睡睡而已，妳有發票的話，我給妳錢就是了。」小米說：「那我說實話吧，我真的不太能接受妳總是來我家住。」

人生這回事，來來去去的都是人，要學會運用，但不要常常利用。曾經有一句話是，人與人之間的情感，是麻煩出來的。

人與人之間的情感，真的是麻煩出來的嗎？不是的，人與人之間的情感，是尊重出來的，是欣賞出來的，是實在走投無路時體現出來的。人情，和錢一樣，要用在刀刃上，時時刻刻都在用，就是消耗。

我們啊，能用錢的時候，盡量用錢，實在不能用錢解決的時候，再用情。畢竟，誰都不是誰的誰，畢竟人生之路，總要走出點骨氣，這樣，才能真正獨立而自由。

別人對你的態度，還不是你允許的

1

許多年前，我看到過一篇文章。一個家長在論壇上提問，大致情況如下：

兒子五年級，班上有個男生誰都不欺負，卻總是欺負我兒子。每天放學回家，兒子的衣服上都是各種鋼筆畫的圖案，清洗十分困難。兒子和老師說了，老師只是批評男生。對於許多老師來說，如果並沒有直接威脅到學生的安全，其實都不算大事。身為母親，覺得已經是小學階段的最後一年，在某種意義上，轉學也並不是不得已的事。但每次看到兒子鬱悶的表情，心裡都很難過，不知道怎麼開導他。

我記得下面清一色的是建議，諸如轉學啊，給老師打電話啊，只有一個人說了一句，大意是：他敢在妳兒子身上隨便亂塗亂畫，事實上，就是妳兒子默認的。

所有讓你反感的事，你都義正詞嚴地提出來；所有讓你討厭的事，你都盡力尋求一切幫助；所有讓你不愉快的事，在沒有觸犯法律之下，要養成一種驅逐力。那不僅僅是一種本事，更是一種原則。

我想起一句話，不要小看自己在每一件事上的態度，因為它很有可能決定著未來別人對你的態度。

2

福克納的《聲音與憤怒》中，有一個主人翁是班吉，這個已過而立之年，智力卻始終停留在三歲階段的男人，雖然是類主人的角色，卻常常被僕人看不起，甚至常被僕人捉弄。

我上大學的時候，和朋友討論過這個人物，其實他也是一個有血有肉，甚至有那麼一點點感情的人，可是他卻無力反抗。為什麼？

許多學者在闡述他性格的時候，會將其置於學術高地，認為他是一面道德的鏡子。而我們當時的觀點非常一致，如果不是班吉，換作其中任何一個人物，都不太可能有這樣的悲劇，無論他傻不傻。

你不要小瞧每一次山雨欲來風滿樓時的自己，你的每一次抗爭就算沒有結果，但也一定是有用的。

你要相信。

3

小時候，我是一個非常懦弱的人。雖然在多年之後，骨子裡依舊還有年幼時懦弱的殘渣，但已經褪去了原來的默不作聲。

我可能要感謝我小學時候的班主任。她是一個溫暖，但又非常有原則的人。

一年級的時候，我差不多就有一三〇公分了。但我媽總覺得，我這個人的性格配不上這身高。當時班上有一個男生，非常喜歡欺負女同學，當然最喜歡欺負的就是我了，因為我不愛說話。小女孩嘛，有時男生動一下髮夾，也是能去老師那裡說上五分鐘的，而我卻什麼都不說。

有一次，那個男同學揪我辮子的時候，班主任路過，班主任沒有把那個男生叫出去，倒是先把我喊到了門口。

「他揪妳的頭髮，妳痛不痛？」班主任問。

我點點頭。

「妳為什麼不說？」

「我怕破壞與同學之間的關係。」我很直接地說了，當時，我覺得這個答案簡直完美。

老師嘆了口氣：「他一直欺負妳，妳以為同學關係就會好了嗎？」

我搖搖頭。

我也是從那時開始懂得，世界那麼大，得寸進尺的人那麼多，逆來順受，從來不會讓事情變好，只會讓自己變得更加糟糕。

後來，我有一個發現：當我開始反抗，開始對著那個男生做出自己所能夠做的一切動作時，那個男生竟然收手了。

4

我的信箱裡，每天都堆滿許多郵件：

「為什麼我老公對其他人都很好，待我就是大呼小叫、趾高氣揚的，一言不合就摔東西，還翻臉睡沙發？」

「為什麼公司的同事，總是沒事就差遣我做這做那，她也不是我主管，就是一個和我年紀差不多的女孩子，每次都差我做這做那，不幫她完成，就開始又哭又鬧說我的不是？」

「為什麼我的朋友，每次都得我順著她，她還從來一副理所當然的樣子？」

你是不是從來沒有告訴他你的情緒？

你是不是從來沒有為自己的不高興而反抗？

你是不是從來都只是忍了，然後萬千江水只往自己心裡灌？

你看起來那麼平靜，那麼溫和，那麼忍耐，大風大浪裡就算栽了筋斗，也從不抗爭，那麼逆來順受的樣子，他自然可以把你圈禁在他的籠子裡。

他高興的時候，你陪他高興，他不高興的時候，你陪他不高興。而他從來不需要問你高不高興，因為你對他的態度，從來都是一面鏡子，照著你和他，經久綿長。

5

我的一個朋友曾經和我說過一件事。

他曾經的部門經理是一個四十多歲的男人，非常好色，許多女同事都遭遇過他的「鹹豬手」。當然，這之前只是聽說而已。她剛入職，還以為是風言風語，於是也沒有太在意。

但萬萬沒想到，在她入職後兩個月，一個中午空檔，部門經理把她叫進辦公室，以修改合約的名義，讓她站在身邊看他修改，他一邊改，一邊開始施「鹹豬手」。她當即走出辦公室，敲開了總經理的門。

其實，總經理那時是有些猶豫的，但風言風語多了，自然也灌進過他的耳朵。幸運的是，當她把所有她聽說過的遭遇部門經理「鹹豬手」的人告訴總經理後，總經理用了三個下午，以談工作的方式進行了確認，並在一週後開除了部門經理。

我說：「妳還算幸運，如果總經理聽之任之，假裝視而不見怎麼辦？」

她說：「我已經做好離職的打算了，因為我不想成為其他人，隨意被人侵犯。我必須表明自己的態度：女性在職場應該獲得尊重，底線就是身體。」

6

我常常覺得，人與人之間，就是一場拔河比賽，勢均力敵的感覺最好，你獲得尊重，他獲得欣賞。如果有一個人太過於軟弱，那麼這一場比賽，出場就結束了，因為另一個人根本不費吹灰之力就把你打倒。而你的力量，決定在這場比賽裡，如果輸或贏，彼此是否都光彩無比。

林徽因有一句話是：「溫柔要有，但不是妥協，我們要在安靜中，不慌不忙地堅強。」是啊，不要常常妥協，不要沉默不語，不要沉重地走一路，回頭卻已不是自己想要的模樣。

你要生動而有靈氣，隨時高興，隨時難過，可以什麼都沒有，但一定要有態度。因為你的態度，決定別人對你的態度。

為什麼越無能的人，越容易玻璃心？

一個讀者來信後的第三天，我收到了她的簡訊：「妳為什麼不理我，妳覺得自己非常了不起嗎？說好的三天回覆呢？妳是我見過最討厭的人，沒有之一。」而事實上，就在她的那一條簡訊氣勢洶洶地跑到我的手機裡時，我剛剛寫完給她所有的回覆。因為之前我答應她，會回覆她，我會說到做到。

可收到簡訊的那一刻，我無言以對。

把人當作知心人，但不代表要無條件地遷就，當一個陌生的讀者甚至以要脅的口吻希望妳完成這一切，並順其心意的時候，總會有一種無聊以及無奈的感覺。

她說：「我是真心實意地給妳寫信，妳說什麼都得給我回信，妳不知道禮尚往來嗎？如果妳不回覆我，我會讓妳身敗名裂。」

一個人過分地陷於自己的情緒，其實很容易有一種危險的念頭，包括「所有人都對她充滿了敵意」，當你自己有一種困獸的感覺，事實上已經敗下陣來。

我還是把信回給了她。不出所料，她像個做錯了事的孩子一樣，給我發了十多條簡訊，請求原諒。而事實上，在第一條她的道歉簡訊中，我已經寫了「沒關係」。

一直到第二天早上，我說「真的沒關係」，她還是不斷地給我發訊息。

心理無能和情感無能，大致如此。從心理上說，一個人越無能，越容易玻璃心。這不僅僅是經濟，還有情感，所有的一切衍生到生活中，就變成了對周遭一切的敵意。因為無能，所以較少感受到這個世界的善意，因為較少感受到這個世界的美好，於是潛意識地認為「人性本惡」。

有一個專業術語叫「界限感」。這是人與人之間交往最需要遵守的原則。而許多無能的人總是喜歡跨越界限，在並不屬於自己的人群中，找尋自己的依賴感，甚至寄希望於獲得認可。

所謂無能，就是以別人的意志為轉移。我剛寫作的時候，每次寫完稿子，按下「發送鍵」，都會緊張得發抖。甚至於在深夜的時候，給留了電話的編輯發訊息，問稿子過了沒有？

但往往是，編輯並不會立刻回覆，甚至於從來不回覆。而我則一個人，不停地看著自己已經發送的簡訊。

你知道有一種感覺是，永遠覺得自己做錯事的感覺嗎？似乎覺得自己發了這條簡訊已然是錯，簡訊的內容也千萬遍看還覺得有很多不對，總是誠惶誠恐，生怕一不小心得罪了對方，從此失去了這個編輯。

而編輯回覆之後，還在不斷地揣摩字意，是不是隨意回覆？是不是寫得不好？是不是早就丟進了回收箱？

這根本無異於一個尚待啟程的孩子，總是希望不斷被人告訴前方的光明和艱險，永遠離不開別人的襁褓，而希望別人的掌聲和鼓勵。但是，掌聲只是你的需要，別人不需要為你的無能和玻璃心買單。

對，當你的能力不足以讓你胸有成竹的時候，其實，你的心理位置已經無意中放在了較低的位置。你永遠仰視著別人，渴望獲得別人的認可，以及活在別人的讚揚和批評聲中。

越無能的人，越希望得到認可和關愛。一個人過得越糟糕，對別人越充滿惡意；一個人過得越不如人，越覺得別人在蔑視他。

我一直覺得，弱勢群體是需要被關愛的，但弱勢群體，社會除了應該扶貧，也應該教他脫貧。而這個貧，更多的是指心理上的貧。

就像很多年前，我在杭州，看到一個女孩動手打了另一個女孩，原因是，另一個女孩路過的時候，用眼睛斜了她一眼，她覺得受到了極大的侮辱。另一個女孩也冤，她只是看看那個是不是公車站牌。

那個女孩說：「妳為什麼侮辱我？為什麼這個世界都看不起我？」她坐在公車站牌前大哭。

我這個無用的「偽心理輔導人士」陪她從天亮坐到了天黑。那一天，是她入職正好三個月，老闆說：「妳太差勁了，工作總是出差錯。妳還不注重身材，跟別的員工比，人家多美貌，就妳，沒有年輕人的樣子。」這不是一齣戲，它就是真真切切發生在二〇一二年的杭州。

無能的時候總多情。《穹頂之下》有一句話是，人一旦開始害怕，就容易做傻事。一個人的心裡沒有安全感，所以才不斷需要別人的安全感，以及偽裝的堅強。

自卑才脆弱，無能才多事。每個人在世上，容易也不容易。就像是一個演員，走過一個個宏大的片場，而我們不要時刻去挑選悲情角色，哪怕一不小心成了悲劇，也要成為一個內心堅強、讓自己活得還算有面子的悲劇。

我總是充滿敬意地看著那些不活在別人期待裡的人，因為在一定程度上，他們已經擺脫了對別人的依賴，不會像碎了的玻璃碴隨意中傷別人，更中傷自己。

我也喜歡和那些時刻對這個世界抱有善意的人在一起，因為，他們不停地告訴你，只要內心有滿足感，情感就不會無處可依。以及，不無能，才人生。

為什麼談錢會讓友情更堅固？

1

前些日子，我去老羅的公司喝茶。老羅的公司最近在上新品，他叫我去無非是讓我幫他看一些數據，而他也正委託另一個朋友在做市場調查。

正巧那天，另一個朋友做完了調查報告和數據，給老羅拿來。老羅二話沒說，便起身把秘書叫進來，說可以讓財務負責匯款了。

那個朋友好像是剛做了小團隊，可能也未經歷太多。面對老羅的爽快，有點手足無措，竟然有點恐慌，連連說：「不急的，我們是朋友，哪怕免費做，我也樂意。」

老羅笑了笑：「我們是十多年的朋友了，該收的錢收下。錢和朋友分開做，最愉快。」老羅說得樸實，接著和我聊天。

老羅開著一家同行業排名前列的公司。他說：「我不太喜歡因為結交了一個朋友，而拚命希望他為你免費創造價值。我喜歡主動談錢，也喜歡和主動談錢的人做朋友。主動談錢不是大方，恰恰是彼此的分寸感，金錢和友情分得越清楚，就越能夠長久下去。」

想起一句話：「不占朋友的便宜，是一個人對待友情的頂級修養。」而好的友情，真的都很貴。

2

人與人之間最輕鬆的相處關係是「互相談情，主動談錢」。因為好的友情都很貴，談情並不尷尬，談錢又會長久。

作為獲取的一方，主動談錢是你的修養，是否接受是他的權利。而作為付出的一方，主動談錢是你的選擇，是否接受是他的修養。

為什麼談錢會讓友情更堅固？

談錢，讓我們的關係更加有條理，更加有約束。

談錢，讓我們對彼此的成果更放心，更有保障。

談錢，讓我們有信心在未來的合作中，更能為對方考慮，更有合作動力。

談錢，也會讓你活得更有尊嚴。

3

我見過一對好閨密的翻臉。

事情很簡單，一個朋友開了個店鋪，離閨密家很近，她每次都會找閨密來幫忙看店舖。她的閨密是個全職太太，可能在她眼中，就是不做事的女人。

她要出去玩了打電話給閨密，要去聚餐了打電話給閨密，要看電影了也打電話給閨密。無非是，妳幫我看一會兒店。

就這樣，直到某一次，閨密終於忍不住了，說：「妳這樣有點影響到我的正常生活了。我也有很多自己的事情要做。」

那個朋友說：「不就是順便看個店嘛，又不是每天。好朋友之間幫忙是應該的。」

閨密終於發火了：「其實，我的時間也很寶貴。麻煩下次請我來看店，付我薪水。」

那個閨密最後和那個朋友撕破了臉。

她問我，她也曾經懷疑過，自己是不是不該和她撕破臉。

我說，好的友情都很貴。真正的閨密，是那個妳捨不得麻煩的人。

4

不是朋友會做蛋糕，你就可以每天免費去吃喝；不是朋友會畫設計圖，你就可以理所當然認為裝修有保障了；不是你朋友在國外，就應該為你跑遍整個城市只收你物品的標價；不是你朋友開咖啡店，你就可以每天十二小時坐在裡面占著位置不點一杯咖啡；不是你朋友沒有工作，你就可以指使他做這做那。

友情不是理所當然的索取，而是珍惜真愛所有的付出。為對方該得的一切付費，是你對友情最好的表示。

這些年裡，我不斷地練習一件事，就是在涇渭分明的世界裡，盡可能主動地談錢。不是因為有錢，而是不想因為錢和好友變得生分和小心翼翼。

比如，有一年，我的朋友出書，我在私下裡，把書買了。我喜歡一本書，都會主動去買，我知道情誼珍貴，我不會主動開口要求別人送。一本書花不了多少錢，權當是支持。

有一天，她來我家做客，說給我拿了一本她的書。

她到我家後，發現書架裡已經存放著她的那本書。好友一驚。她說：「妳是我的好朋友，有必要買嗎？我自然會送。」

我說：「我想讀妳的書，認可妳的付出，自然會付費，而妳的付出，配得上錢。」

好友後來說，倒是那些關係非常一般的，總是會動不動給她發訊息，要求送書，弄得她好生尷尬。因為她的書，也是向出版社買的。倒是關係好的，原本已經列入送書名單，大多都已經買了。

5

曾經有人問我，朋友之間，不是應該互相幫忙，怎麼能談錢呢！

於是我丟給他一句話：「如果你是付出一方，你是否選擇談錢，是你的權利。如果你是獲取一方，麻煩就不要那麼理所當然了。」

我越來越覺得，越是真心的朋友，越是珍惜你的一切——珍惜你的容貌、珍惜你的才華、珍惜你的勞動、珍惜你的價值；而那些泛泛之交，他們始終對你保持著觀望狀態，曖昧地對待你的一切——他們願意和你共享樂，並不願意與你共患難，所以他們保持著全身而退的準備，也擁有著時刻熱情的心態。

所以，記得，千萬別想著占朋友的便宜，便宜占多了，友情就遠了。

身為朋友，懂得珍惜對方的一切，懂得禮尚往來，懂得主動談錢，懂得對價交換。金錢是友情的試金石，也是友情的護駕船。

好的友情都很貴。希望每個人都能懂得。

chapter 4

女人越獨立，婚姻越自由

別在他人身上找存在感，
獨立的靈魂比什麼都重要。

男女交往中，做到這一點會讓人很舒服

1

前些日子，我去參加老錢的婚禮。老錢是我們圈子裡年紀最大卻最後一個結婚的。她先生在婚禮台上愣愣的，主持人對他說：「你說幾句致辭。」結果他背到一半太緊張了，忘詞了。

我想起和老錢曾經在一個深夜去咖啡館，她和我宣布她戀愛了。

我說：「妳看上他什麼？」

她說：「我喜歡他的溫和感。」

她之前交過一個男朋友，分手的時候很狼狽。那個寵她如手心寶的男孩，忽然像發了瘋一樣地咒罵她。

「剛剛和他在一起的時候，總覺得很幸福，就是那種甜到憂傷的感覺，就是妳忽然覺得他真的很喜歡妳，也真的很離不開妳。他每天給妳送飯，每天給妳所謂的小驚喜，但是慢慢地越來越少。我都不會太介意。我介意的是，他身上的那種大喜大悲，和待妳的忽冷忽熱，那種每隔一段時間都高高舉起，又重重摔落的感覺。」

在很多次爭吵之後，老錢還是離開了那個前男友，找到了現在的丈夫。她對於現在的丈夫，非常滿意，她說：「他和妳在一起，妳就是覺得放心，那種踏踏實實的感覺，知道他的溫和永遠對著妳，不必擔心任何事。」結婚的那天，我看到老錢站在台上笑，那種感覺是一種腳踏實地之後的幸福。

2

男女交往中，最重要的，或許就是在一起的舒服感。那種溫和，感覺可以浸泡一生都沒有問題，因為那種水乳交融，惺惺相惜。好的婚姻是，小驚喜中最平穩的日子，小確幸中最舒服的依偎。

3

年輕的時候，我曾經很喜歡那種跌宕起伏的愛戀，似乎有一種雲霄飛車似的刺激，有高潮，也有低谷，彷彿都是驚喜，兩個人的感情從來不確定，對於未來更多了一些所謂的期許。

然後長大了，我才發現，這樣的驚喜，根本就是驚嚇，而好的日子，從來不是你大喜大悲，而是細水長流的溫和感。

我有一個忘年交，她和自己的先生已經走過了二十多年，她形容自己的婚姻就是：平靜中帶著一點點有趣。

她算是個女強人吧，早年開企業，現在也是業界數一數二。丈夫呢，是某企業的中層。兩個人衣食自然無憂，但更讓人羨慕的是，兩個人在一起時，舉手投足之間的那種溫和的親密。

「我們是在一個聚會上認識的。妳也知道，早年的什麼舞會，就是一群男男女女的相親，我和他算是兩個木訥的，不會跳舞，就坐在一邊，後來留了號碼。

「開始交往的時候，我們可能是當時所有人中看起來最無趣的。平日也很少聯繫，各忙各的。什麼送妳上班啊，一次沒有。但他有空的時候，就會過來看我，沒什麼話，話也很少，但妳就是知道那種體貼感。

「妳生病的時候，他第一時間給妳送藥；妳高興的時候，他陪妳笑；妳不高興的時候，他坐在一旁陪妳任妳撒氣。甜言蜜語很少，但幸福的感覺很多，那種不動聲色的愛意，一直都在。

「然後，這樣的感覺，一直到現在都在，妳在他身邊，就很好。」

是啊，好的感情，或許就沒有什麼轟轟烈烈的感覺，妳可以遺忘他，也可以感受到他的存在，他不會像熱水一樣燙熱妳，也不會像冷水一樣冰冷妳。

4

如今，一種平平淡淡的舒服，早已被很多人所鄙棄。

我們所期望的轟轟烈烈，說到底，都因為自己本身缺少安全感。

記得有一句話是，兩個人要長久，姿勢很重要。而真正好的男女交往姿勢，或許是，我背著我的包，你開著你的車，下車的時候，並肩前行，倘若你要去逛街，我陪著你；而你要去玩你的遊戲，我就自顧自做著自己的事。

彼此相望，相適相安。

共勉。

女孩子打扮，就是為了吸引男人注意嗎？

女孩子打扮到底是為了什麼？

有一句話是，你的今天，都是往後日子裡最年輕的一天。你要珍惜自己的容貌，也要愛惜自己的一切。

每次討論這個話題的時候，我總是會想起小白。她永遠那麼好看，好看得卻從來不取悅誰。

小學的時候，我第一次碰到小白，是在英語才藝班上。開學的第一天，小白遲到了，一不小心站在門口。她的出現成功吸引了所有人的注意，她穿著當時最流行的「白紗裙」，頭上戴著一個帽子，還有一朵粉紅色的花鑲嵌在帽子上。活脫脫一隻小天鵝。

身為女孩，總是羨慕別人，我看了看自己身上母親給我做的大紅燈籠褲，心裡有不甘心，也有嫉妒，只是我不說。隔壁座位的同學也是個女孩子，我看到她也低頭看了看自己，她比我會安慰自己，悠悠地說了一句：「女孩子，不能太愛打扮。」

我們就是不敢承認，許多時候，對別人的羨慕總是口是心非，妄圖透過另一番理論安慰自己。

小白坐在我的前桌，才藝班一週一次，於是，我看到她每次都打扮得異常精緻，甚至天衣無縫。連腳上的白襪子，都看起來那麼立體，裹著她纖細的腿，恰到好處。

她讀書非常用功，下課的時候也安靜地坐在那裡背單字。男孩子喜歡扯漂亮女孩子的裙角，想吸引她的注意，她笑了笑，也不搭理。

除非是她有興趣可以聊的正經話題，她轉過身看一會兒，才參與其中。然而事實上，大多數時候，她都沒有機會聊天，有那麼兩、三個女孩總是圍在我們身邊，一見她轉身，就拉著我們去外面的天台裡聊，一邊拽著我的手，一邊說「妖裡妖氣」。

那個時候，我們還只有十三歲，可大部分女孩子隨著身體的發育，言語也漸漸向大人靠近。她們對於這個世界有最單純的喜愛，也有最簡單的刻薄。

當時，小白的父母其實都是最普通的工人，並沒有什麼錢。小白所有的打扮，都向著她母親。後來，她的母親在失業的巨浪中，並沒有被打翻，而是成功地進入了私人企業，後來還成了副總經理。

小白的母親還在工廠的時候，就是出了名的「愛打扮」。我之所以用了引號，是因為女人與女人之間，吐出這三個字，一般就是貶義。她每天都塗口紅，擦粉底，穿高跟鞋，帶著脂粉香，走進工廠。到了工廠換上工廠制服，開始工作，下班無論再晚再累，都會補好妝，再蹬上高跟鞋回家。

我母親認識小白的母親，她說，這樣的女人，其實無論現時現世有怎樣的成績都不奇怪。一個人對生活的態度，決定了她的高度。

就像失業後，大部分女人都不知道該怎麼辦，四十多歲的年紀，不尷不尬地懸在半空中，閒在家裡成了一種態度。小白的母親去了一個私企當清潔員，每天打扮得精緻，又勤勤懇懇幫助張羅各種事，慢慢收編成了辦公室的員工，後來，成功擠掉了辦公室主任，又當上了副總經理。

小白說，我的母親就是我的生活導師。女人最能夠讓自己立竿見影的改變，就是容貌。

到了初中，男生開始有了感情的好奇心，小白的抽屜裡，每天都塞滿了各式各樣的情書。

女生的嫉妒心更是達到了巔峰，從來只對才華服氣，不對容貌服氣。就好像讚美一個女人你最好誇美，不要誇才華。

班主任老師說：「妳這麼打扮，可不行啊。妳得穿校服，妳這樣太招男孩子注目了。」

小白笑呵呵地回答班主任：「學校沒有規定每天穿校服，別的學生也沒有穿。」

班主任說不下去了，叫去了小白母親，小白母親說：「老師，我一定叫小白把成績提升上去，可以嗎？」

顯然也是聊不下去的一個話題。

當時，小白的成績是全年級前五。小白不喜歡拋頭露面，不參加學校的任何大賽，她也拒絕了所謂合唱團、舞蹈社的邀請，可是只要她坐在人群中，很多男生的注意力就不在舞台上了。

小白母親去過學校之後，小白給了我一個電話，她說：「這個世界上，好像愛美必須和愛學習對立一樣，為什麼不可以兼得呢？」

我想著母親每次給我買的不是運動裝，就是一身黑，我告訴她，因為他們不懂。

小白不去理會，她還是自顧自打扮，每天背著書包，穿上她母親為她挑選的裙裝，走進學校。

後來，老師也沒有再多說。

她初中畢業的時候給我打電話，那一年，她穩穩地考上了市裡的重點建設支援的高中。

小白高中畢業後考去了上海，後來進入了一家大型的私人企業。很多大學女生，化妝技術顯然都沒有那麼爐火純青，而小白已經可以精細描繪出自己的最佳妝容。

面試她的是個女老闆。她問小白，什麼時候開始學習化妝的。

她說，三歲，那一年，她母親經常把她放在鏡子旁邊的高腳椅上，然後自己對著鏡子化妝。

女老闆說，妳為什麼會化妝？為了取悅別人嗎？

小白說，我並不否認，好看的容貌，會讓別人身心愉悅。但大多數時候，你看到我的妝容，就是我的生活全部面貌。

小白成了兩百個面試者中，唯一入選的女生。上班的第一天，進行新員工面談，她和老闆談得最久。

女老闆給她講了一個故事。她從前在國營企業工作的時候，一直被一些女同事背後稱為「妖精」。很多人知道，當時的氛圍，規矩中有一些刻板，就好像所有的人都是千篇一律。她到的時候，化著妝，穿著西裝裙，當時很多女人都側目了。她們透過厚厚的鏡片看她，她也看見她們蒼老的面孔，有著不經雕飾的細紋。她當時想，千萬不要成為她們。

大概一年後，她就離職了。因為她發現自己無論多麼出色，都是異類。妳沒有辦法融入，她們對妳的修飾始終帶著有色眼光。她們覺得在公司裡，是不能有個人符號的。而無意間她們還透露著：「她這麼愛打扮，不就是為了勾引男人嘛！」

女老闆說，自己會英語，性格還算外向，就出來闖蕩了。她對小白說，我看到妳，覺得妳非常像我年輕的時候。

「我現在漸漸發現，一個女人越珍惜自己的容貌，越熱愛自己的外表，就越是懂得生活的表現。」小白說。

事實上，越是對別人的打扮有話可說，指指點點，內心越對自己的容貌自卑。

前段時間，小白嫁給了她的初中同學，是個農村出來的孩子，和她一樣在上海打拚；貌不驚人，很瘦，跟竹竿一樣。舉行婚禮的時候，很多人都嚇了一跳，她怎麼嫁了這麼一個男孩子。

言下之意是，這個男人似乎配不上她的容貌，也辜負了她多年的精心打扮。

小白的母親還是和從前一樣，化著妝，容顏實在老得慢了些，細紋也非常少。小白的母親對這個男孩十分滿意，待我女兒好的男人，就是我的好女婿。

小白後來在一次聚會中說：「那些人看到我先生一臉驚訝，看起來倒像是對我的諷刺。好像我化妝打扮，就是為了吸引男人的注意。」

是，其實，只是希望自己活得好看一點，笑的時候也好看，哭的時候也好看。畢竟，我們大好的青春年華，沒有資格浪費。

浪漫的人適合戀愛，可靠的人適合結婚

1

小象小姐的離婚，在朋友圈討論紛紛。

她拿到離婚文件的那一天，在朋友圈更新了一條消息：「不過是和過去道了別，於是知道，婚姻的路，真的要腳踏實地才是。」

我說：「妳保重。」

她說：「沒什麼，其實早就習慣了一個人。」

我一直以為小象小姐是我的朋友圈中活得最浪漫、最華麗也是最舒適的。幾乎所有朋友都說「小象小姐命好」。當然包括我，也這樣認為。

從前，小象小姐每次聽到這句話都會笑。現在回想起來，在她離婚之前的一年裡，每次說到她先生，她都沒有了從前的羞澀，倒是多了一份尷尬，常常故意把話題扯得很遠很遠。用她的話說：「如果物質遮蔽了他的愛，或許才是最大的謊言。」

二十六歲，小象嫁給她的先生，許多人都讚她命好。老實說，她的先生，確實可以滿足一個女孩子所有的虛榮：家境殷實。從追求她開始，一直到結婚之前，她的先生真是一擲萬金，恨不得天下人都知道他對她的好：每天定時買一束花送到她的公司；偶爾會敲開她家的門，送小禮物。據我所知，他送給她的禮物，包括手機、筆記型電腦、昂貴的包。

你可以說小象虛榮。可我覺得，當一個男人口口聲聲說愛妳，以及願意為妳花錢的時候，是不會有人懷疑他的真心的。

後來小象和我說，結婚後，我才知道，原來，單純的浪漫是不可以用來過日子的。

2

「妳是不是覺得，我和他分開，好像是因為不知足。我開著一輛五十多萬的休旅車，每天出入別墅，每個重要的節日，他都會送妳禮物，但所謂冷暖自知，大概也真的只有身在其中的那個人才知道。」她說。

經常是，小象先生一個月沒有回家吃一頓晚飯，給小象說他有需要應酬的飯局；小象先生每天回家都在十二點以後，說是陪客戶；週末的時候，小象先生又說與客戶去洽談。這些事，自然可以認為是必要的應酬，也有人在背後說，有錢又想有完美的婚姻，她也太理想了。

可是，當妳生病的時候，在家裡快起不了身，他在外面應酬不回家，打一一九來接妳，一直到出院，也沒來看妳一眼，這是什麼感受。

當妳一個人外出，忘了帶傘，傾盆大雨而下，根本寸步難行，妳給他打電話，希望他送送傘。他說自己在和客戶談判，不方便。妳說，你先把我送回家，再出去可以嗎？他說，不可以。雨就這樣落下來，一直把心都澆涼了。

真正讓小象決定和自己的先生分開，是在她流產之後。他給小象請了個阿姨，買了十多萬元的滋補品。照顧小象的阿姨說：「我真羨慕妳啊。」小象只能乾笑。

小象說：「於一個女人來說，最好的愛，是每個晚上睡覺前，給予一個溫暖的擁抱。」女人生性敏感，或許生病的時候更是。那些天是冬天啊，小象捂著熱水袋，卻怎麼都捂不熱自己。只是小象先生還是那樣，很晚很晚才回家，醒來後就出門。她對先生說：「你能不能陪我吃一頓飯？」他總是「呵呵」。或者根本得不到先生的回應，然後小象覺得自說自話怪可憐。

這段婚姻，他沒有挽留。或許彼此都有了倦意，只是這樣也好。一個人的孤獨，好過兩個人的同床異夢。

3

「浪漫的人適合戀愛，可靠的人才適合結婚。」她和我說完這個故事的時候，我的腦海中，只浮現出這句話。浪漫是一種情趣，可靠是一種態度。而我始終相信，所有一切的結果，態度才是最有決定權的，除此之外，有情趣，不過是錦上添花的事。

三毛曾寫道：「婚姻如果不落到穿衣、吃飯、數錢、睡覺這些實實在在的生活裡去，是不容易天長地久的。」

愛情之下，婚姻之上，其實是最枯燥也是最有趣的學問。枯燥是在於，當日日相見，再好的美貌也成習慣，再濃的情感也慢慢平復；有趣呢，就是在於，終於可以與日復一日的枯燥進行格鬥，讓自己的婚姻既有肉體，也有羽翼，你也看看自己究竟算不算一個可靠的人，然後不懈前行。

4

聊一段歷史上的情緣，林徽因為什麼選擇了梁思成？

許多人說，以林徽因的才智，自然知道，梁思成的家境和才學完勝萬千男子，所以選擇他，是一個精明女子的決斷。而我想說，憑林徽因的閱歷，更知道一件事，就是嫁一個男人，可靠真的很重要。

梁思成是那種典型的理工男，沒有太多感性色彩的人，一旦跌入愛情，很有可能就是一生一世的事情。說到底，她也總是知道，相對於徐志摩，梁思成更有可能陪她走完這一生。雖然梁思成在她離開人世之後，很快便娶了自己的女學生。但這之前的歲月裡，他們走過了大山大水，從不分離。據《林徽因傳》寫道，當年梁思成是因為林徽因喜歡建築學而學建築的。建築學在他們之間，是共同的事業，也是情感溝通的基礎。

男人為了與自己的女人長長久久，而去學她喜歡的一切，大概也沒有比這樣的愛更可靠的事了。

5

或許，可靠的婚姻，就是在有限的時光裡，我們不必要太浪漫，剛剛是，你愛的模樣我都有，我想要的一切，你都能給。

前些日子，我回家看爺爺。爺爺這段時間身體不是很好。八十多歲的年紀，痛風，於是康復得也慢些。與往常不同，他最近都無法行走，需要坐輪椅出行。他那天和我說，他也終於到了那個需要人攙扶的年紀。

那一天，我看到爺爺坐在灶台前看奶奶，奶奶忙進忙出的樣子，我忽然就淚如雨下。從前，我真的不理解，為什麼奶奶這樣的好脾氣，會和爺爺這樣的壞脾氣在一起。畢竟，記憶裡，六十多歲的爺爺，一言不合總是會摔碗，偶爾也會生悶氣，躺在床上一天一夜不說話。印象中，他從來沒給奶奶買過任何禮物，可能最多的，也是一起出去時，兩個人吃一碗路邊的餃子而已，而奶奶總是很滿足。

她說，她永遠記得自己二十多歲那年，自己中風在床，是爺爺背著她，走很久的路，煎很久的藥。這樣一直持續了兩年。她說，那些年，和她一起中風的人，其中兩個，在中風後沒兩年就去世了。

「妳爺爺是一個非常好的人。」奶奶常常說，「等到妳活到我這個年紀，妳才知道，和妳一生一世走下去的人，才最重要。」

6

現在的我們，總覺得一生一世太遠。可是，婚姻啊，浪漫最好，實在沒有也沒關係。但無論如何，和一個可靠的人在一起，比一切都重要。

我很喜歡有一句詩歌：「你在我的航程上，我在你的視線裡。」

願我們都能找到這樣一個人：陪你吃飯，也讓你暖腳；你愛的一切從不忘記，為你做的事也都記得；天黑的時候，為你點燈；雨天的時候，為你打傘；然後，在平淡的流年中，始終伴你左右。

真正的好男人，都願意跟老婆認輸

前段時間，我和表哥一家吃飯。不料，這次吃飯的時候，表嫂的碗邊緣有一點淺淺的污漬。表嫂很不樂意，不高興地坐在桌子邊。表嫂是個人盡皆知的處女座，每一次吃飯前，都要把碗清洗好幾遍，但上次吃飯後是表哥洗碗的。

三十五歲的女人了，她突然像個戀愛中的女人撒嬌又發脾氣，嘟著嘴，實在搞得我們有點尷尬。我和老陳也不好說什麼，家務事這件事，外人總是旁觀更加妥貼。

表哥說：「好了好了，我錯了。」他一把環住表嫂的手臂，輕輕捏了兩下。表嫂把那個髒碗塞給了表哥。

一直聽說表哥寵表嫂有點逆天，但我也真的是第一次碰到這樣的一種妥協方式。後來，表哥說了一句話：「女人生氣的時候，男人認個輸，把錯事糾正，就可以了。」他說的時候，看了表嫂一眼，表嫂斜著眼，咯咯地笑起來。

愛情裡有一句話是：「愛情本來並不複雜，來來去去不過三個字，不是我愛你，我恨你，便是算了吧，你好嗎，對不起。」

「算了吧」意味著讓一切烟消雲散，「你好嗎」意味著彼此的相愛至深，愛的最高境界就是能夠為了你，輕而易舉說出最用心的「對不起」。

是啊，不就是認個輸嗎？我認錯，我不還嘴，我都聽你的情緒，在沒有觸碰任何底線的時候，對於一個男人來說，承認自己的錯，又如何？

真正的好男人，從不會跟自己的愛人計較。對待女人的態度，是男人的態度，也是好男人的本事。

民國時代，有一對相愛至深的夫妻，就是大名鼎鼎的周有光和張允和。周有光口述與妻子張允和的相戀過程裡有這麼一段話：「別人都說我們七十多年來沒有吵架，其實我們也有吵架，不過我們時常不會高聲謾罵，沒有鬧幾個小時的，一般三兩句話就吵完了。」

曾經有一篇文章〈張允和周有光的舉杯齊眉：喝茶喝咖啡都碰碰杯子〉裡有一段話：

周曉平說，媽媽是感性的，喜歡小說、刻圖章，爸爸是理性的，追求科學知識研究，但兩人彼此尊重，「各自搞各自的，所以生活過得豐滿。」那吵架呢？「他們哪裡吵得起來，媽媽嬌嬌鬧鬧，爸爸又不響，吵不起來的。」曉平笑了起來。

難怪，張允和當著友人的面，還調侃：「我不能對他吹枕頭風，隔壁鄰居聽到了，他還聽不到！」大多數女人，只會對愛的人有情緒，因為她知道，無論什麼時候，他都不會離開；至於男人，只要不是女人擦槍走火，太過火，包容女人的脾氣又如何。

女人天生被寵，才能長久變美。或許會有男人問，妳們女人無理取鬧的事情太多了，男人憑什麼非得遷就妳？而我想說，許多時候，只是因為真的有了情緒。誰不想有一個可以供自己撒嬌的人，他能懂妳的情緒，也愛著妳的一切？

我一直很喜歡我父親對待我母親的態度。我母親是一個脾氣很暴躁的女人，尤其是更年期那會兒，一點點雞毛蒜皮的小事，都可以讓她爆炸。更年期之後，似乎心急如焚的情緒一直蔓延著。比如前段時間，因為我爸給我姐的女兒的鞋子尺碼買錯了，母親不高興了一個晚上，又是心疼錢，又是責怪父親不夠有預見性。整個家裡瀰漫著單體火藥爆炸的味道。

父親有一句話是我最敬佩的：「和老婆承認錯誤，不是因為真的錯了，而是因為珍惜。不要和另一半隨意去爭高下。有本事的男人，去外面闖蕩，而不是在家裡傲慢。」這句話，我父親也曾經和老陳說起。老陳說：「我覺得很有道理啊。無關原則，就主動認錯。這個世界沒有女人做錯的事，只有男人包容不了女人的心。」老陳這句話自然是玩笑話。我也並不是想說，男人就應該無條件地包容女人，只是在無關原則的時候，這種包容也是一種你對感情的態度，而這樣的態度，就是珍惜。

這個世界上，男人向女人認輸，從來不是什麼女權主義的潛在延伸版。而是身為一個男人，愛女人最好的方式。

逞強的事情那麼多，又何必與女人計較？生活是天南海北闖一路，愛在你不高興的時候依舊環繞在你身邊。

願天底下的男人，都包容身邊女人的小脾氣。願所有的女人，都找到一個能夠包容妳小脾氣的男人。

女人越獨立，婚姻越自由

很多年前，我採訪一個女企業家，之後大家一起吃飯，席間觥籌交錯，她卻滴酒不沾。她會喝酒，所有人都知道。

據說，當年她一個人喝一瓶半白酒，許多男人都倒下了，她卻跟個沒事人一樣，出去招了計程車回家。她說，應酬完，她還要去開車接自己的先生，所有人都驚訝了：她為什麼不請司機去接呢？

一個男人喝多了酒，開玩笑似地說：「太寵男人，男人會出軌。」說完，使了使眼色，一群人哄笑。

其實，我並不太喜歡這樣的氛圍，推杯換盞，所有人都戴著面具在笑。這個女人到底是見過世面的，微微咧了咧嘴：「他敢出軌，我就敢換了他。夫妻之間，待他好是情分，不能當作是本分。」

那時，我還是個二十多歲的女孩，空氣裡撲面而來的只有一種氣息——因為獨立，所以自由。她行雲流水地掌控著飯局，她走了之後，所有人談論的只有她的聰明和幸福。

女人越獨立，婚姻也越自由。女人獨立，不是給男人帶去威脅，而是給自己帶來安全。

女人要獨立，是因為我們要讓男人知道「愛是付出但不是義務」、「愛是情分不是本分」、「今天我可以待你好，明天我也有本事離開你一個人好好過」。

許多人都有這樣一種感覺，最好的女人，是出得廳堂，談笑鴻儒，得體端莊；入得廚房，柴米油鹽，穩妥有方。

可是，他們卻忘了，每一個女人，有甘心做綠葉般的配角的付出，也有馳騁山川的主角的本事。

徐志摩的第一任妻子張幼儀，一九五三年再嫁香港行醫的蘇紀之。當時現世對她的評價是，一個強大而堅毅的女人，一個獨立而自主的女人。

在徐志摩身邊的女子中，張幼儀最低調，也最得兩老歡心。但她最大的懂得，是給自己的人生不斷鍍金。她在東吳大學教了一段時間德文，後來又受聘上海女子銀行出任副總裁，還經營服裝行，成為當時風頭強勁的女企業家。

她這麼做主要是為了讓拋棄她的前夫徐志摩後悔嗎？並不是。她的聰明就在於，抹去了別人對她的傷害，走出了自己的囿結，也讓自己的婚姻有了更多的選擇。

我們願意嫁給一個男人，是因為愛，不是因為義務。沒有一個女人天生是為誰而生、為誰而死、為誰而服務的。

婚前婚後，倫理道德之內，我們離開一個男人，也沒有關係，照樣可以勇敢地活著，也勇敢地選擇。

我曾勸過一個身邊人，不要辭職成為家庭婦女；也給另一個女人投了贊成票，覺得她可以辭職。許多人沒有理解。

因為前一個女人，她並沒有能力足以養活自己。換言之，如果她的先生一旦有了異心，她的存款並不足以讓她過上溫飽的日子。這個還並不是最重要的，重要的是，她並沒有一技之長可以讓她輕鬆找到一份工作。一個人最危險的事，是沒有錢，也沒有技能立足社會。每個人都要珍惜自己的工作，沒有錢又沒有一技之長的人尤其需要。

至於後一個女人，她原來是學法律的。在學校的時候，成績優異到所向披靡，過了司法考試，口才和形象一直優秀，後來在自己的老家考上了公務員。做了三年，她決定辭職，現在，她接一個case從來不低於五萬。她說，那一年支持她的只有我。她的父母擔心她沒了穩定的工作，從此就要過上一頓飽一頓飢的日子，她和先生還是新婚吧，父母也非常擔心，擔心他一不小心離開自己的女兒，就沒了任何保障。

我說：「一，妳辭職又不是不工作；二，妳有能力立足。」她說，所有的擔心都來自於她的父母，他們理所當然地認為著許多事。她從頭到尾都沒有擔心她的先生會不會離開她。

自由不代表隨心所欲，不代表不遵守倫理道德，也不代表冷漠相對又無處言說的婚姻，而是對你有愛但不是依賴，對你有情但不擔心你的離開，相敬如賓又彼此疼愛。

有立於社會的本事，馳騁江湖，獨扛大刀；有安身立命的底氣，獨步行雲，衣食無憂。

女人有多獨立，對待婚姻的態度就有多自由。妳的獨立，是妳生活的資本。所謂話語權，就是，你和我在一起的時候，可以相愛；你不想和我在一起的時候，也可以放棄。

婚姻於獨立的女人，重要，但不是唯一。而它的分量在妳的生活中可以很重要，但不能占據太重。它占得越輕，我們就可以越自由。而所謂自由，就是我們可以兩個人相愛，也可以一個人好好過。

男人出軌，為什麼要讓女人來背黑鍋？

前段日子，我閨密胡小雨終於離婚了，歷時一個月零九天，與一個男人一刀兩斷。那個男人親口承認他自己出軌。

不過更讓她寒心的，並不是這些。而是那一天，她的婆婆說：「小雨啊，男人出軌都是正常的。不過妳得看看妳現在的樣子，也真是應該好好打扮自己，比進我家門前胖了不知道多少，有時說話脾氣也衝。」

連她媽媽也不停地潑水：「男人啊，就是用來寵的，妳必須溫柔，必須像個女人照顧他，妳現在每天回家也不做飯，說話聲音又那麼大，真的不夠賢慧。」

她先生更理直氣壯了：「妳有什麼好？三十多歲的女人，四十多歲的臉，勉強能做事吧，但妳真的帶不出去啊。」

為什麼男人出軌，錯的都是女人？

「就好像離開是他的理所當然，我還得寫一封道歉信，道歉自己婚內做得不夠好，祝福他找到比我更好的女人。」

上半身裝可憐，下半身裝無辜。出軌就出軌，明明是自己用情不夠也用情不專，只是有勇氣在外面出軌，沒勇氣承認罷了，然後把責任推到女人身上，以表達自己出軌也是情有可原。

男人出軌，憑什麼要女人來承擔所有的錯？

我看過一個綜藝節目，一個男人經常在外面花天酒地，夜不歸宿，實在不行了，老婆把他叫上了節目。（你們當然可以認為，這可能是演員而已。）

男人看上去明顯比女人好看很多，高大，還有點帥氣，湊近鏡頭，完全看不出是個三十五、六歲的男人。而女人呢？鏡頭拉近的時候，儼然容貌已經褪色，臉上的雀斑，在淡淡的妝容下若隱若現。

男人也理直氣壯，覺得女人對自己的容貌不夠珍惜，帶出去怕被笑話，乾脆一個人出去玩。也不想讓她跟著，寧願帶別的女人。男人說得非常有底氣：「我只是跟她們玩玩，又沒怎麼樣。」

下面一片唏噓。

我想起一句話，一個女人承擔了家裡所有的起居，承擔了照顧孩子的所有責任，承擔了去超市買菜、去市場砍價，還要賺錢養家，根本就不是歲月對女人刻薄，而是女人對家庭的無私。最後，換不來一句感激，只換來了，妳變老了，妳變醜了，所以我想離開妳。

婚姻的本質意義是一種契約關係，而人最重要的是有一種契約精神，我們大可以好好說分手，再去尋找別的幸福。不必東拉西扯，為自己的出軌「正名」。

不是你的女人變得不再如你希望的樣子，你就可以隨便出軌。

我們常常說一句話：「女人應該有獨立的能力。可是男人也應該有寵愛的任務。你一邊給她的生活加碼，一邊又希望她貌美如花。她抱著小孩在給你做飯做菜的時候，你在路上飛馳；你起床吃上早飯，她每天比你早一個小時起床把飯放進電飯煲。就算所謂的全職太太，也全然不是你所以為的每天看電視發呆和無聊，她完全承擔著比一個駐家保姆更細緻也更有分量的工作。」你的女人變老變醜，你有沒有想過，也是因為你自己無能，沒有辦法讓她變得美貌，沒有辦法讓她過上輕鬆自在的日子，沒有讓她和別的女人一樣可以輕輕鬆鬆逛街打扮買包包。

一紙契約，說撕就撕。出軌就出軌，就不要再扯上女人了，好嗎？在感情的問題上，我們對男人總是顯得寬容，對女人總是顯得刻薄。

好像男人出軌，都是因為下半身出了錯，都是情有可原，都是因為女人不夠好，男人才出了軌。當一個男人無法控制自己的下半身，其實，也根本控制不了自己的人生。所謂的理由，也不過是滿嘴荒唐言。

而對於女人，我也奉勸一句，過得獨立一些，保持隨時反抗的能力，比一切都重要。

性生活和諧對婚姻有多重要

1

這是一個成年人的問題，也是一個嚴肅的話題。
不喜歡的，或者覺得不適的，可以跳過。
這個題目是我和先生老陳一起想的，那一個晚上，我們徹夜對聊。
性・愛情・婚姻。

2

我大概在二十五歲的時候，第一次聽說這個命題：性對於婚姻很重要。
這是一件真事。
我的一個朋友跟我吃飯，說，她一閨密，交了一個男朋友，大概臨結婚前分手了。
原因是，女方發現了男方是個性冷感。
當時，我還是個小女孩，談過戀愛，但並沒有成為女人。我羞於談這個問題，於是一直躲躲閃閃。可是，每一個人都或多或少對性生活是好奇的。

大多數成年人，都不敢保證自己從來沒有在螢幕上看過任何別人的赤身裸體。有意也好，無意也罷，荷爾蒙就是最誠實的。所以不必害羞。

我說：「大概是男人和女人也要為下一代負責，所以格外中意這件事。」

好友聽了大笑。

3

結婚之後，我才真正開始懂得：和諧的性生活，是長久以及良好的婚姻保證。

簡要地說，當一個人如果是性冷感的時候，最好的方式，是搭配一個性冷感。

所以，如果一個男人長期在無性生活的情況下出軌，那麼女人也有不可推卸的責任；如果一個女人長期得不到男人的愛撫，也別怪她紅杏出牆。正常的夫妻之間，是一定需要必要的夫妻生活來維繫關係的。也就是，男人和女人之間，不要低估了夫妻生活的力量。

當然，如果你覺得你們柏拉圖式的戀愛，也可以天長地久的話，我相信你們之間的無性生活，都在彼此的接受範圍之內。

4

我周圍有太多離婚的人，他們離婚都是因為沒有好的性生活。

沒有性生活的婚姻，一定是不愛了，我才不相信兩個人同睡一張床，彼此像死魚一樣的存在，會長久。

我一個男性朋友，因為老婆在無任何病痛的情況下，接近半年拒絕夫妻生活後，選擇了離婚。

一次吃飯的時候，他說：「如果是因為病痛，我能夠理解，但沒有其他任何原因，一個正常的男人長期睡在一個女人身邊，卻得不到任何滿足，我不知道該怎麼辦。」

他老婆後來確認和她同公司的另一個男人出軌，是他親自攔截到她和另一個男人在旅館房間門口。

如果對方長期不碰妳，只有兩種可能：

1.確實不需要，簡要地說，可能是個性冷感；

2.他透過其他方式得到了滿足，比如外面的異性。

這兩種情況，對婚姻都是毀滅性的。

張愛玲有一句話是：「結婚若是為了維持生計，婚姻就是一場長期賣淫。」現在為了維持生計而去維繫婚姻的真的沒有那麼多，但是，愛除了是談出來的，也是做出來的。

5

我一度非常非常不理解，為什麼我們祖父、祖母輩在之前並沒有認識的情況下，因為挑起紅蓋頭的那一刻相見，就可以同床共枕那麼多年，甚至白頭到老。

我曾經做過一個大膽的假設：

1.夫妻生活的時候，會對對方的依賴感逐步加強；

2.荷爾蒙分泌的時候，會對對方的長相有一種越來越模糊的辨識度，也就是因為熟悉感，而忘記了美醜。

當然，非常美或非常醜的除外。

然後，我私底下問了不少於五十個朋友，真的得到了同樣的回答。

我想起多年前看過的一份調查，一對夫妻在一起越久，甚至模樣都會越來越靠近。這也就是傳說中的「夫妻相」，而這個夫妻相，也來源於兩個人長期的男歡女愛之後的水乳交融。

想想也是。

我爺爺跟我奶奶，算是媒人介紹認識，不是感情為先，現在兩個人八十五歲多，健在。

我爸爸跟我媽媽，也是透過介紹認識，我爸爸曾一度大方承認，他們之間是先結婚，後有感情的，目前也走過了三十多年的婚姻生活。

好的婚姻果真等於和諧的夫妻生活＋互相的寬容＋彼此的攙扶。

6

有人問，到底是戀愛重要還是性愛重要？

我覺得不分伯仲，也就是缺一不可。我一直比較反對當下有一種說法是，愛情是婚姻的基礎，它實在太重要太重要了。

我的概念裡，性生活是骨架，支撐你們走下去，愛情是皮囊，你們看得舒服，彼此中意，外人羨慕，就很好。

愛情當然更重要了，沒有好的皮囊，才不是婚姻生活，明明只有夫妻生活而已。但是沒有夫妻生活，再好的皮囊也不可能屹立不倒。

所以，無論你多忙，也請不要放棄必要的夫妻生活、必要的愛情關照，兩者都很重要。

你永遠不要低估了每一次男歡女愛的受益無窮，也不要錯過了每一次的愛與寬容。

性・愛・婚姻，就是真理。

愛得夠，也做得夠，便是婚姻的基本能力。

我發文朋友圈，不是為了取悅誰

1

週末我和大琳吃飯，空檔的時候，看到她手機震動了一下。

接著，我就看到她歪了歪嘴，冷笑了一下。

「碰到這樣的人，實在沒啥好說，刪！除！」

大琳還是和從前一樣，驕傲也淡定，前塵之事，也可一笑置之。

「我承認，我發文朋友圈有點頻繁，時而曬娃，時而曬自拍。我三十歲，好像在別人眼中應該更沉穩一些，在朋友圈多關心國家大事，多曬曬生活體悟，可是，朋友圈本來就是私人領地，只要我沒有觸動任何法律，憑什麼要求誰做什麼？」

大琳說，剛才是他們公司的男同事發來的訊息，「我不知道他跑來和我說希望我以後不要曬娃了是為什麼，每次他也會在我自拍後留言然後惡言相向，他為什麼做不到刪除我，或者封鎖我，如果我礙了他的眼，我就代勞刪除他吧。」

我笑了笑，刪除了也好，我們總是懶得花太多心思看看究竟加過多少人，與多少人有過默契，多少人還該留存，多少人該離開。

有時就好像是一場場篩選，每一條消息都在告訴你，誰喜歡你，誰又不喜歡你，你相見甚歡，你忍無可忍，都不必太糾結。

2

這個世界，本來就真心愛你的人多，指指點點的人也多。

就好像從前，你穿了某件衣服，就是會有人在背後說，這衣服，真俗真醜。是，誰能不說自己的心裡，不會有那麼一點點漣漪，我俗我醜，礙著你什麼了。

可是，誰又能真心把「又俗又醜」當作前綴？

於是，要多年之後，到了見怪不怪的年齡，才自己封鎖。可也會對某些人不自覺地跳出來，大聲指責你不順他的心意，不做他喜歡的事，你只會覺得可笑不已。

我從心底還是不習慣分組可見的功能。因為總覺得朋友圈的意義，本來就是和你喜歡的人在一起，而自動忽略你所不喜歡的。

你有多小心翼翼，就有多不自在。像是內心築起天然的隔閡，少了自帶情緒的分享棒——有人解憂也為自己解憂。

我曬娃、我發自拍、我做微信電子商務，我分享、我發的都是我現時想做的一切，無關其他。在相對私密的空間裡，我願意看你的生活，你也願意讀我的一切，就是彼此存在的意義。

我不取悅你，不是因為不想和你在一起，而是因為我想跟願意和我在一起的人在一起。

3

我有一個朋友，幾乎大半年都沒有發文微信。

後來，我才知道原因。

「某天，我發了自己做的烘焙圖。公司的朋友看了朋友圈，第二天，暗示我，妳可不可以把花在烘焙上的時間用在工作上？然後呢，對我說，記得發無聊內容的時候，封鎖主管。」

而事實上，在這之前，她已經連續加班了兩星期。

有些人是沒辦法拉到黑名單，也沒辦法分組可見的。因為世界那麼小，那些你分組見不到的人，總會透過另一個形式打聽到你的一切，於是更加惡化。

「也會不敢發文朋友圈，總是害怕有時會顧此失彼，有時會特別考慮別人的感受，有時還會害怕別人說自己淺薄、無知、不夠沉穩。然後，就沒有再發文朋友圈了。」朋友看起來也沒那麼沮喪，只是會偶爾皺眉，生怕被人看到什麼。

「你也不至於為了一個人，再重新註冊一個，你也下不了手，索性就捆綁了自己。」

我說，妳何必為了別人苦了自己。其實，我們都很懷念那個生龍活虎的妳，妳看，那時的妳多麼好，有地方可以說話，也有地方可以吐槽，會有人為妳的生活拍手，妳也可以見招拆招，過招也拆招。

她說，妳說得是。

然後，現在，她又開始發文朋友圈了。有自拍，也有旅行的目的地，偶爾還會說段子，像極了從前的她。她說，我不再關心別人介不介意的時候，自己也顯得輕鬆了許多。

4

總有些人叫囂「你們可不可以不要再洗我的版面了，不要再發無趣的照片了。」我總是狠狠甩她一句，「不喜歡的人妳刪除就好了，別苦了自己。」

別人的朋友圈是為了取悅自己，不是為了取悅你。你橫衝直撞到別人的世界，還總是高高在上頤指氣使地要求別人做這做那。

至於那些每到年底說那些曬娃的、做微信電子商務的占用了他們的朋友圈資源的，無論是否玩笑，也都不過是把自己看得太重要了而已。

我們活著，本來就是為了自己和所有喜歡你的人。你的底線，只要不至於觸犯道德和法律，其實，都是你的私人空間。所有的圈子都有無形的界限，願意走的可以走，願意留的可以留。

就像前陣子，有個很久之前的朋友，她發微信給我，「我越來越發現妳是那個精緻的利己主義者，妳發去旅行，去吃美食，去跋山涉水遇見許多人，可妳從來沒有關心別人過得好不好，妳也從來不向我問候一聲，我們也是老朋友了。所以，我打算把妳刪了。」

我說，「我們也算不得好朋友。當年是妳先加的我，說實話，這些年才記起妳的樣子。不關心妳不過是因為我們不熟。熟悉的閨密，前些日子，我答應借她十萬，都可以無息，不是因為有錢，只是因為值得。妳先刪除吧，把這個機會留給妳。」

我沒有刪除她，也沒有再去看她有沒有刪除我。她在不在，我都無所謂，對於我來說，不過是那個從來不會聯繫的人而已。

5

我始終覺得，人生所在，遇到想做的事就去做；遇到想見的人就去見。

不喜歡你的人，不會因為你發了什麼而喜歡你，喜歡你的人，也不會因為你發了什麼而對你遠離。

我們發文朋友圈，不是為了取悅任何人。而是在漫長的歲月裡，找到那個惺惺相惜的人。你高興的時候陪你笑，你難過的時候，也可以一起落淚。我們堅守在對方的世界裡，時而擁抱，時而打鬧，時而安靜，時而唏噓，然後走完這一段彼此相伴的日子。

已然足夠。

為什麼說女人最終都是嫁給自己？

我們總會有這樣的憧憬吧，與另一個人在一起。和他一蔬一飯，和他一茶一香，和他打打鬧鬧，然後白髮蒼蒼，然後塵土相見。

可是，大多數時候，我們都不過是嫁給自己，嫁給了自己所做的一切，嫁給了自己的感情，以及嫁給了過了多年的自己的容顏，一生一世。

相濡以沫也罷，分道揚鑣也好。嫁給自己的女人，其實更幸福；而大多數人，一生就是嫁給了自己。

1

我和林蒙這一次約見，是在隔了半年之後。她還是和從前一樣，喜歡去火鍋店，然後一口一口地吃蝦餃等圓滾滾的熟物；還是喜歡抽菸，一根接著一根；還是喜歡喝米酒，我們兩個可以喝一大壺，然後迎著冷風在街頭走。

走到半路，她的先生錢老師給她打電話，問她今天喝了多少酒。林蒙低低地說：「半壺多。」

錢老師說：「我來接妳吧。」林蒙說：「不，我叫個計程車就好。」錢老師執意要來接。小兩口謙讓的樣子，像是蜜月期的你儂我儂。

我說：「林蒙，有時還滿羨慕妳，四十多歲了，活得瀟脫，事業上小有成就，錢老師待妳依然不錯，家裡還井井有條。」

林蒙聳了聳肩：「活了四十多年，妳會發現，別人給妳的只是感覺，而握在妳手中的才是本事。妳覺得我嫁給他是幸福，也對。不過很多時候，我們都只是嫁給了自己。

「男人做的事，妳一件都沒少做。男人不做的事情，就都要留給妳做。

「男人給不了妳安全感，他給妳的安全感是妳讓他心甘情願給妳的安全感；男人給妳的寵愛，也是妳千辛萬苦得來的憐愛；至於妳的家庭、妳的事業、妳的孩子以及未來，妳能得到的，該感恩但也不至於太感激，在多維的世界裡，就是一場場交換，妳所得的，是妳值得以及配得上一切。」

林蒙說完的時候，抽了根菸。她說：「現在的感覺是，兩個人在一起的時候也很好，一個人的時候也從不孤單。」

或許，對於我們來說，你所得到的，都是你付出的一切。

2

許多年前，有一個故事。

一個女人和自己的先生在外地開公司，在外面打拚事業。女人忽然想全身而退了，於是離開丈夫回到了家鄉。女人一個人回家鄉買了一間房子，帶著十八歲的孩子，和先生過起了兩地分居的日子。兩個人每半個月碰一次面，偶爾是女人帶著孩子坐飛機去看父親，偶爾是她的先生坐飛機回來。

女人到我們的城市後，開了個小店，沒多久擴張成了小超市，生意很好。許多人背後猜測他們就快離婚了吧？

後來我見過那個女人，我說：「許多人兩地分居，是不是隱形夫妻的開始？」

那個女人說：「結婚多年之後，妳就會知道，兩個人要相愛，也要獨立。在不在一起那麼重要嗎？相愛就夠了。女人越獨立，生活越自由而自信。比嫁給男人更重要的是，讓自己成為一個比男人更可靠的人。妳不必依賴他。」又過了幾年，她的先生回到了家鄉。坊間所有的關於「因感情不和而離婚」的傳言不攻自破。

我想起一句話，每個人都在走一段漫長的路，無論你辛不辛苦，該做的事一件不會少，而很多時候，我們都在一個人扛，一個人爭取，然後也竟然走過了一路。

一個女人，可以賺錢的時候不含糊，生孩子的時候不怕痛，照顧家庭的時候不嫌累，每一個貪圖時間和精力成本的人，都不會願意放棄這樣的妳。早已習慣了一切，又何懼任何山雨，以及一個人、兩個人、再多人也可以好好度過。

「和男人在一起的幸福，從來不是真正意義上的幸福；而妳所有爭取來的幸福，才是真正的幸福。」

3

我想起了若干年前，總以為要找個可以託付一生的人，陪你過一生。於是，我不停地問別人「你可不可以待我一輩子好」。

就像我結婚前，總是問老陳：「如果我失業了，沒錢了，你會不會養著我？」

老陳總是笑：「可以啊。」

若干年後，我發現結婚，除了嫁給那個男人，最後還嫁給了自己。

我根本沒有辦法想像在沒錢的時候，伸手去向老陳要。雖然很多人說，男人賺錢本來就是為了女人。可是，他為妳花錢是他對妳的珍視，而妳需要他的錢只是妳沒有能力養活自己。所以，妳自己賺錢，活得有面子也獨立，不過是為了自己。

我也根本沒辦法把有些事理直氣壯地推給先生，還得不停地問「可不可以，能不能」。廚房是給女人的，客廳是給女人的，最後妳還是會接駁所有的事，裡裡外外地打理。

你苦心孤詣地付出，不過是為了給婚姻中的自己最好也最有面子的一切。

常常有人問我：「如果老陳從來不感激妳的付出怎麼辦？」

我說：「他感激我，最好；他不感激我，我就感激自己。」

我的付出不是為了感動他，我為了自己的生活奔波，也為了自己的生活走南闖北，我想成為那個出得廳堂、進得廚房的女人啊，無論有沒有他，我都還是我自己。

4

老陳一直覺得我身邊都是教科書，一頁一頁地翻，一頁一頁地把自己都變成了老師。

前些日子，我和老陳一起去安慰一個快離婚的女人。

那個女人不停地哭，覺得快活不下去了，也覺得自己嫁給了一個不可靠的人，未來想找一個可靠的也實在很難，太過於傷心。

我說：「妳離開了那個男人，可以找到一個比他更好的。如果找不到，妳也可以活得很好。妳那麼出色，在害怕什麼呢？」

老陳點點頭。

我們一生所付，不是為了讓別人感動。婚姻細細碎碎，我們不過是打磨了自己，也熬過了歲月。

婚姻熬得過歲月就白髮蒼蒼，熬不過歲月就分道揚鑣。

為什麼說，女人最終都是嫁給自己？

因為妳終於知道兩個人在一起很好，一個人也真的沒關係。

所謂獨立，不過是自己知道自己已經獨立，也願意獨立，然後一心一意活著。

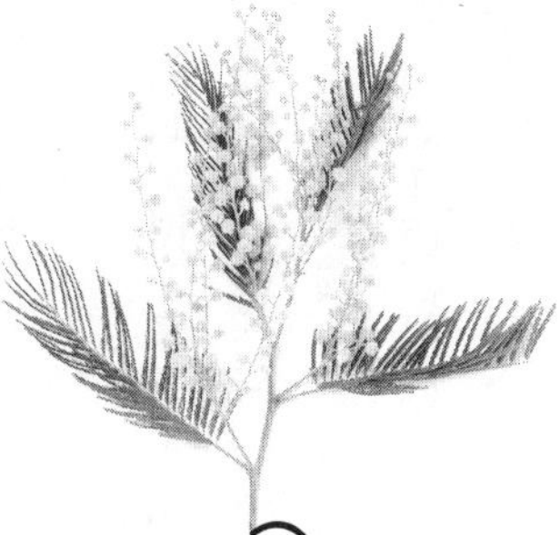

chapter 5

聰明的父母，從不向孩子訴苦

父母的影響力，
關乎孩子一生。
你才是孩子的起跑線。

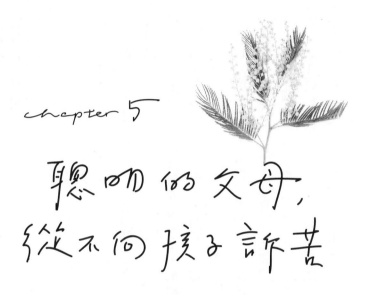

你家裡的書房，比學區房更重要

民國時期，有一戶著名的藏書之家——張家。據說，當年張家先生與書店關係極好，所以平時書店進了書，老闆都會讓夥計整捆整捆地往張家送，而張家因為書多，也成了當地有名的藏書之家。

這戶張家的主人就是著名教育家張冀牖，而他的女兒們就是名垂青史的「合肥四姐妹」——張元和、張允和、張兆和、張充和，她們四人至今仍被後人譽為「民國才女，昆曲之寶」。

說起她們的父親，長女元和有一句話：「父親最喜歡書，記得小時候在上海，父親去四馬路買書，從第一家書店買的書丟在第二家書店，從第二家買的書丟在第三家書店……這樣一家家下去，最後讓男僕再一家家把書撿回來，我們住的飯店的房間中到處堆滿了書。」

而合肥四姐妹與昆曲結緣，大概也與父親酷愛昆曲有關。有一篇文章〈葉聖陶：張家四才女，誰娶了都會一輩子幸福〉裡描寫道：

大年初二在父親的書房中學戲，幾個小姐自然耐不住性子，吵著要上後花園。父親從不向孩子發脾氣，好言相哄：「妳們好好學昆曲，以後我替妳們做花花衣服上台演戲多好玩！」懂事的大姐摁住兩個妹妹坐下來，挺直腰板，兩腿並攏，雙手規規矩矩放在腿上，脖子梗梗地挺著，小眼睛直直地盯著老師，一板三眼，一板三眼—唱—，咦！滿有意思的。

其實，教育界有一個共識是，孩子的成長除了與自身的天賦，以及後天的努力有關，家庭教育也是必不可少的一部分。引用教育專家的一句話：「家庭教育在一定程度上的重要性甚至超過了學校教育，父母應該給孩子良好的家庭教育，在一定程度上，有什麼樣的家庭就有什麼樣的孩子，有什麼樣的家庭教育就有什麼樣的兒童。」

而貫穿孩子的成長中，我們所認為的，不輸在起跑線，換言之，就是不輸在作為父母的你。你的身先示範，你對孩子的教育，你給予孩子的一切，就是起跑線。

我大學的時候，在一家教育機構當初中寫作老師。

我當時做了一個調查，在一次家長會上，我問在座的父母：「一年內，閱讀書籍超過十本的家長請舉手。」

我說這話，當然是希望家裡能夠培養一種學習的氛圍。我覺得，讀書是世界上回報率最高的事，它藏在你的臉上，你的心裡，以及你未來的生活中，你無須刻意，就會輕而易舉地在生命裡發出光芒。

班上總共三十多個學生，舉手的總共只有五個家長。在之後的教學過程中，我發現，這五個學生的詞彙量和典故運用程度，在班上確實排名比較靠前，而且他們的知識面非常寬廣。其中一位學生在初中時代已經開始讀馬奎斯的《百年孤寂》。許多人會有疑惑，他能讀懂嗎？在後來的交流中，他告訴我，這部書是他在他父親的指導下閱讀的。

我讀過《百年孤寂》，這本書是個大部頭，別說孩子，就連我們這樣的成年人，如果閱讀中一旦分心，也很容易出錯。有些時候，閱讀過程中，難免會遇到故事脈絡無法理清，人物關係混亂，怎麼辦？有一次，我問他。

他說，他父親就幫他理順，然後讓他繼續閱讀。他說：「我覺得父親像一個焊工，哪裡斷了就幫我在哪裡接上。」那個孩子和我說完，我就笑了。

我見過他的父親，是一個斯斯文文的男人，和想像中不同，沒有接受過高等教育，也非富賈顯貴，他只是一個開著雜貨舖的生意人。我去過他的雜貨舖，就是典型的學校周邊的，賣著各種文具、各種小零嘴的店舖，他說：「白天人少的時候，就看書，店舖小，兩隻眼睛顧得過來。孩子看書這事，也從不強求。孩子喜歡讀書，算是意外之喜了。他學過許多課程，武術、寫作、英語，包括補習班，我都會嘗試，但最後，我會問他一個問題，你喜歡什麼？」他的父親說到這裡的時候，似乎有一種孩子獲得成長後的高興勁，「我可以引導孩子，但最後的決定權，我都交給了他。」

時隔七、八年，那個孩子已經去了北方的重點建設支援的大學。他父親後來和我說，他的孩子讀的是中文系，非常迷戀古代文學，成績非常優異。他的父親有一句話讓我印象深刻：「他可能隨我，喜歡讀書，但他想過怎樣的人生，我隨他。」

他說完的時候，我想起那一年遇到的那個孩子，他總是高高興興的樣子，上課了認真聽講，下課了還會在走廊裡瘋玩。

有一些人從小到大沒有煩惱，我覺得，就是因為他們父母的寬嚴相濟和對於他們人生的設定，給了他們足夠的人生空白供自己塗鴉。

有一句話是「恨鐵不成鋼」。其實，一個孩子能不能成為鋼，很大程度上，真的取決於你是不是一個優質的煉鋼爐，當你給予孩子最需要的一切，而孩子也能成長為他自己喜歡的樣子。

我寫過一篇體悟文章〈你怎麼樣，孩子就怎麼樣〉，今天再來談這個話題，我想說，每一個優秀的孩子身後，都有一對足夠優秀的家長，他們可能並不是大富大貴，可能也不那麼名聲在外，他們很可能是芸芸眾生中的兩個，但他們會給予孩子他們所認為的一種優渥——從心的選擇、生活的熱愛、精神的高貴到未來的自由，而他們的孩子，在人生開始的時候，其實，就已經贏了。

許多人經常問我：「妳希望孩子成為一個怎樣的人？」

我沒有直接回答他們，我說，我更願意成為這樣的家長：給予選擇，也給予方向；給予愛，也給予自由，不勉強，不倉促；成年之前，教他學會選擇，成年之後，讓他自己選擇；努力地讓他成為一個自己喜歡的人。

聰明的父母，從不向孩子訴苦

什麼樣的父母是聰明的父母？

我陪你成長，卻未必要求你伺候我到老；我的努力不全是為了你，而是我們在一起的日子；你覺得高興，我看著高興，就已經足夠。

前些日子，我遇到林冰和她的母親，突然覺得，父母就是孩子人生中的某一段軌道，一路高興的日子，才能一路唱歌。

林冰是我的鄰居，少年時代，很瘦很瘦。那些年，她的教室在我們樓下，我路過的時候，她總坐在第一排，隔著講台，我一直覺得老師是不容易看到她的。

林冰的瘦除了天生，也因為她家實在過得辛苦。

她的父親是個清道夫，母親在為城鎮居民生活服務的組織工作。收入其實大概可以預估的，二十世紀九〇年代末，這樣的家庭，每個月的收入可能還沒有一千元。三個人住在附近磚瓦砌成的小房子裡，最值錢的是一台小電視機，一家三口常常窩在那張小餐桌上吃飯，吃完飯收拾乾淨了，林冰就開始把書本攤開寫作業。

其實，只要沒有經濟和利益往來，沒有人會過於在意別人家的生活，孩子與孩子之間更不會。林冰經常會和我們去對面的小花園裡一起玩，然後一起去吃街頭的油炸食品。油炸食品或許並不那麼衛生，然而卻是我們童年的心頭好。

她可能沒有別人想像中的那麼懂事，從來沒有說過諸如「我父母活得很辛苦，我要省吃儉用」這樣的話語，因為我們去買小零食，她也會跟著買。後來，她的母親和我的母親說，出門的時候，總會讓林冰帶著二元錢，不能讓她在別的孩子面前失去了原有的快樂和自由。

後來，林冰告訴我，她現在才發現自己的不懂事，或許那時的五毛錢，對於母親來說，可以買一碗上好的菜。林冰說，她知道自己小時候家裡條件並不是很好，回頭看，發現簡直是非常窮。

一個孩子能不能快樂，很大程度上是由家長是否活得高興決定的。沒有一個背著千金重壓的孩子，可以不覺辛苦不覺累；沒有一個在怨聲載道中成長的孩子，覺得生活是美好的。和父母在一起的日子，是孩子最直接也最直觀接觸世界的方式，而這些，或許在許多年後，依舊植根在她的心裡。

我一直覺得林冰的開朗來源於她母親的堅韌。我小時候有晨練的習慣，早上五、六點，看到她的母親沿街去一個個垃圾桶撿可樂瓶，等她醒來，她的母親就已經撿完了一圈，放在她家的後院裡，然後開始張羅著林冰的早餐。林冰的早餐並不差，她和母親說說笑笑的，母親目送她出門後，開始騎著自行車去上班。

年少的時候，林冰的成績並不好，她是從上初中的時候，突飛猛進的。但我從來沒有看到她父母有任何情緒，考差了也沒有很難過，考得優異乃至後來考上了市區最好的高中，也沒有表現出特別高興，因為聽他們一起吃飯傳出的笑聲，從七、八歲開始一直到二十多歲。

這些年，我看過太多這樣的父母。他們總是喜歡把孩子作為自己一生的心血和一生努力的歸結點。他們總是認為，自己那麼努力，就是為了孩子。他們的幸福和不幸福都寄託在自己的孩子身上。他們總是重複著這樣一些話：

「我每天起早摸黑地做事，還不是為了你？」

「我省吃儉用，還不是為了讓你過上好日子？」

「你看我好久沒有買新衣服了，我過得那麼苦，你如果不成材，你還有臉嗎？」

其實，孩子的內心很強大，但也很敏感。

我想起很多年前，在醫院裡看病，前面排著的小女孩。她的母親一直在斥責她，為什麼把眼睛弄成近視了？小女孩很委屈，一直哭。她的母親也哭：「妳怎麼把眼睛弄成近視了，我這麼辛辛苦苦地把妳養大，妳還讓我給妳配眼鏡，妳知不知道，都是錢哪。」一邊說，她還一邊推自己的女兒。

我不知道她們家是不是過得很辛苦，但在眾目睽睽之下，斥責自己的女兒，訴說自己的辛苦，認為自己的不幸福都是來源於自己的女兒，實在不是那麼有面子。小女孩沒聽完，就哭著跑了。

生和養從來是需要付出代價的，除非你一開始就選擇不讓她降臨這個世界。從量變到質變，總是潛移默化。終有一天，她會覺得自己沒有達到你的期望，而對自己有所失望。

我問過林冰，父母有罵過妳嗎？林冰說，當然有。比如某一次摔碎了家裡的碗；比如有一年去河邊玩，把家裡唯一的木桶掉進了河裡，木桶順著河水流走了。

難得碰到，那天，我和她一起吃飯，說起年少橋頭那個最好吃的油炸攤，說起花園裡永遠捉不到的蝴蝶還是會好笑。

林冰說，她覺得她一生最好的事，是遇到了一對好的父母。他們知道自己苦，卻不讓孩子知道他們的苦。她所有無憂無慮的年少時光都是父母給的。

林冰大學畢業後，進了一家外貿公司，收入很高，第二年就付了頭期款，給家裡買了新房子。

而我常常想起，她的母親，總是穿著乾淨而陳舊的衣服，很早去撿瓶子，又很早回家給女兒做飯。她的臉上從來沒有那麼多情緒，洋溢著淡淡的知足和隨遇而安。而她的父親也是那麼平和，哪怕每天回家汗流浹背乃至臉色通紅，依然平和得沒有一點脾氣。你可以覺得他們身上有一種對生活的自我要求和對孩子最深也最無私的愛護。

我曾經聽到一個母親這樣說：「不要隨便向孩子訴苦，因為你會發現，你無意間的訴苦，會讓孩子形成無形的壓力，而你永遠不知道，這樣的壓力會扮演怎樣的角色。」

聰明的父母，不會向孩子訴苦。因為他們知道，既然他解不了你的苦，你又何必讓他也一起苦？

孩子的時光裡，有屬於他的一切，而在涇渭分明的世界裡，你負責你的努力和他的成長，他也負責他的努力和他的成長，就已經足夠了。

不要讓你的面子，毀了孩子的一生

1

很多天前的一個下雨天，一個女孩子手裡拿著一張淋了半濕的試卷，躲在街頭小店的廊檐下哭。試卷上寫著「期中考」，上面是九十分。

四年級，九十分。在這個學霸橫行的時代，自然算不得好分數。而女孩在哭，除了對於分數的內疚，還有來自對父母的恐懼。

她不敢回家，她媽媽之前對她說，這次分數一定得比鄰居高，才能回家。鄰居家的小孩得了九十二分。小女孩還是在哭，她的臉上掛滿了戰士般的失敗和沮喪。她告訴我，她的鄰居就是她隔壁座位的同學。

可能是因為我過了那個考試的年紀，於是多了一種家長式的旁觀者姿態，也覺得考試這回事，努力足夠的時候，就該多一分寬容：「妳總該回去的。努力了就好。」

小女孩搖搖頭，還是大哭。雨水漫天，我也濕透了半隻鞋。

她的母親是半小時後找來的。她既心疼女兒，又鬆了口氣，不過她還是更關心女孩手中的試卷：「妳怎麼每次都考不好？怎麼又只有九十分！小琪九十二分，她媽媽和我說了。」

女孩低著頭，也沒有再哭了，像一隻受訓的綿羊，撐著傘，跟在母親的身後。

那時那刻，我很想告訴那個母親，對於孩子的成長來說，最大的傷害就是被比較。所謂的優秀，如果建立在孩子的恐懼和哭泣裡，真的還不如平凡著。

父母好面子，苦的是孩子。

可我又有什麼資格？對於一個母親來說，我這個局外人自然不能夠理解她好勝的心情，她所有膨脹著的虛榮心都託付在女兒身上，而她的面子也裹在女兒的榮辱裡。

2

不得不說，這樣的情形從我們那一代人就開始了。只要父母愛面子，或許我們這一生都會活在比我們更優秀的榮光下，學生時代的分數，畢業之後的工作，結婚之後的伴侶，哪怕自己的小孩，循環往復地活在別人的比較中。

你發現自己永遠活在父母的桿秤裡，一邊是自己，一邊是父母心中的比較標準。你為了那個比較標準，拚命努力，拚命加持。你得超越別人，你得成為最好的，你如果落後了，就是失敗。

3

我的一個同學曾經離家出走過。她離家出走的目的地是我們家。那個晚上，我真的讀不出她對自己的父母有任何親密和感情。

她離家出走，是因為她的父母希望她嫁給那個有錢的相親對象，而她並不喜歡。她母親說了一句話，讓她徹底絕望：「妳看看，別人嫁得多好。感情是什麼，妳以後就會明白的。我辛辛苦苦把妳養大，還不是希望妳嫁給一個好人家？」這是她母親的原話。那個同學很傷心，拿著包，帶著錢，甩了門就走。她是一個很內向的人，平日不愛與人說話，除非知根知底。

女孩說：「我不知道在他們眼中，我是工具還是人。婚姻是交易嗎？我交易身體和感情，他交易錢。說到底，他們就是好面子。別人嫁得好，說起來榮耀，但把自己孩子的感情置之不理，而去追求所謂的好人家，我實在看不出所謂的親情和愛在哪裡。」她說著說著，就落淚了。

「小的時候，總是讓我爭第一。有一次，我不幸落得第六，一整年都不讓我跟親戚來往，覺得我丟人。原因很簡單，因為我舅舅家的兒子是個學霸，年年都是第一，後來考上了北大。

「高考的時候，我還算正常發揮，去了重點建設支援的大學。畢業之後，考入了銀行，母親高興了很久。我並不是非常介意我的工作像一個展覽品一樣在別人眼前晃來晃去，但我也很不喜歡，母親每次回家，總是用一種輕蔑的口氣，說別人家的孩子沒考上。

「這之後，妳也知道了，我就開始相親，這又是他們安排的道路。是，女孩子到了合適的年紀應該結婚，但前提是應該有合適的感情，但是為了他們所謂的好人家，放棄我自己希望的感情，我真的覺得自己活著很累。」

4

我一向不反感家長有「望子成龍、望女成鳳」的想法，有希望的心可以，但不能有過於強的欲望。因為「望子成龍，望女成鳳」的前提是，你的子女是龍鳳，而其實大部分人，不過是普通人，做一個平凡而快樂的普通人，也並沒有什麼不好。

你眼中的優秀不代表孩子的快樂，而所謂的出色也不代表孩子一定能過上好的人生。世界永遠冷暖自知，孩子也要有自己的道路。

我一直非常慶幸自己有一對好父母，不是因為他們提供了所有好的物質條件，而是在他們的眼中，尊重我所有的努力，比所有的榮光更加重要。

高中的時候，我和我的大表妹是同一年級。她是那種學霸類型，每次都在年級前十。而我不一樣，雖然我也是前段班，但我是那種理科很差的女生，前半部分靠蒙，後半部分大題目永遠無法下筆，再怎麼努力，永遠只能勉強及格。偏偏我和表妹還是同一個物理老師，每次兩個班級比較物理成績，她永遠在前面，我永遠要從後面數。

當然，這不是重點，重點是，每一次家庭聚會，親戚總是會問起成績。說實話，我還是會覺得有些難堪。但母親從來沒有覺得有什麼，一五一十地告訴他們，那種並無所謂的心態，讓我覺得非常感動。

後來，母親說：「這沒有什麼好難堪的。一，妳已經盡力了；二，每個孩子的道路不一樣；三，我覺得妳也有出色的地方。」

另一件事，就是結婚這件事吧。父母把絕對的選擇權交給了我自己。也有人說父母太不現實，畢竟這個社會很現實，或許嫁入一個有錢或有權的人家，未來的日子裡會好過許多，而且面子也會非常有光。

可我的父親說：「對於孩子的幸福來說，面子並不是最重要的。希望她能選擇一個她樂意，也喜歡的。」

5

我一直覺得，你的孩子是你的孩子，不是別人的孩子。你的孩子的人生也不必跟別人比較。

其實，我們身為父母的每一次好面子，很有可能會毀掉一個孩子的快樂、幸福乃至一生。因為他們對於世界最直接的接觸是我們，如果我們都不能給予他們足夠的信任和友好，總是不斷地讓他們覺得這個世界的不美好和不友善，那麼他們對於其他的恐懼會更甚。

孩子到底應該擁有怎樣的人生？

或許，他想過的一生，他覺得快樂的一生，他覺得能讓他努力而自如的一生就是最好的。

孩子，願你生活永遠起航也永遠不停歇，你是上面的船長，所有人都只是船員而已。

孩子，如果有人打了你

教育界曾經有一個課題是：「你的孩子，如果被別的孩子打了，你會教育孩子怎麼辦？」

辯論很多，印象最深的是四個觀點：

用合適的方式告訴長輩；

要盡量避免正面衝突；

如果不是什麼大事，則要懂得吃虧；

打回去啊！

從前，我對這個課題一直保持著一定的距離。因為許多年前，我還沒有孩子，人生的重心，就是自己的成長。我也不會想到，多年之後，當我自己遇到「孩子被打」後，孩子自己的反應，會顯得如此寬容和理解。

前些日子，我和女兒去遊樂園玩。週末的遊樂園就像一個巨大的澡堂，每個人都自顧自，似乎沒什麼交集。

女兒很喜歡去遊樂園，三歲了，孩子多的地方，似乎總是感覺有了自己的小世界。

忽然間，一個男孩衝了過來，奪走女兒手中的玩具，並狠狠地用手打了女兒的臉。我為什麼覺得這是狠的，因為女兒的臉一下子撇了過去。

女兒沒有哭，她比我的反應更加決斷和直接，她伸手打了那個小男孩，打在了那個男孩子的手臂上。

男孩子開始大哭，我和女兒站在原地。女兒還是很膽小，不停地往我身上湊。但她知道，我從來不隨意批評她，犯錯需要承擔責任，女兒並不是主要的過錯一方。

男孩撒潑打滾躺在地上。我和女兒站在一邊。我也是第一次看到這樣的孩子。我一直覺得，每一個孩子的模樣，就是原生家庭的教養。那種深刻的印記，是逃也逃不掉的。

他的母親跑了過來，抱著兒子說：「是不是妹妹打了你？是不是妹妹打了你？」那一幕，我恍惚間覺得自己在看電視劇。

男孩子自然忘了自己伸手先打了我的女兒，只說「妹妹打我」。他的母親一邊斜著眼，一邊惡狠狠地對我說：「妳得讓妳女兒道歉。」

而她似乎並沒有看到，女兒臉上還有她兒子的淺淺的掌印。

我覺得我有必要告訴她，這個事情的經過：

一，妳兒子先打了我女兒，而且打在臉上，妳兒子手上的玩具就是從我女兒手上奪來的；

二，我女兒臉上還有妳兒子的手印，妳可以仔細看；

三，妳兒子向我女兒道歉的話，我女兒也可以向妳兒子道歉。

那個家長斜了我一眼，抱著兒子就走。

女兒看起來很高興，這個大剌剌的孩子啊，第一次摟著我又親又抱。我知道，女兒喜歡我的決定。

說真的，這些年看到很多「孩子傷害孩子」的新聞：

二〇一五年，某個小學生因為被隔壁座位的同學欺負，同學經常用筆戳她的手臂，還各種侮辱她，導致她神經衰弱，不敢上學，最後嚴重到一聽說上學，就渾身發抖。欺負她的那個學生家長是學校的一位老師，所以班主任並沒有對欺負人的同學做任何處理，聽之任之，一直到這件事被媒體爆出，才對欺負人的學生進行管教。

二〇一五年，「高中女生遭同學輪番施暴不敢吱聲」視頻傳在網上引發熱議，畫面中，那個女生不斷地被搧耳光，卻一聲不吭。

我一直覺得，性格的所有線索都可以追溯至童年。凱瑟琳・凱利—萊內曾經說過一句話：為什麼童年的記憶特別真切，那是因為它們是最初的人生體驗，帶著某種特殊的味道。一個人長大後的樣子，或多或少是童年許多個瞬間堆積而成的。這件華麗的袍子充滿著時間的虱子，它們牢牢地抓著，怎麼也甩不掉。

我常常在想一句話：「不傷人是一種教養，但不被別人傷害是一種氣場。」而這一點，或許從孩子開始面對這個世界，就需要讓他知道了。

我婆婆曾經很奇怪地問我：「在別人打了女兒之後，看到女兒衝過去還擊，也從不把她拉回來。」

我說，我相信一個孩子的判斷。而事實也證明，在孩子的心中，永遠是愛憎分明的，他們對愛她的人充滿著好感，對傷害她的人會回擊；而這又是人最初也最珍貴的稜角。

我一直不贊成從前的教育方式，對別人的傷害要忍讓，甚至要以德報怨，因為我覺得被傷害後不反抗，會讓孩子漸漸失去對這個世界最初的好惡的判斷，讓傷害你的人知道自己不可以隨意被傷害，其實就是一種本能。

所以，孩子，如果有人打你，你一定要尊重精神和肉體的第一意願，不害怕地反抗；孩子，如果有人打你，你一定要披好你的鎧甲，讓他們無處可攻；孩子，如果有人打你，你也一定要注意分寸，不讓人得逞，但也不讓人太傷。

不進一寸，也不失一毫，我始終覺得，這個世界從來是有經緯度的，不會因為你的忍讓而縮水，也不會因為你的強悍而膨脹，你要懂得游刃有餘最好的方式是，內心柔軟而有原則，身披鎧甲而有溫度。

孩子，做一個勇敢而溫暖的孩子，不暖到燙傷自己，也不冷到凍傷身體，如果有人打你，就勇敢地按照自己的方式回擊。你的回擊越擲地有聲，你的未來越充滿坦途。

沒有人可以照顧你一生，而你要學會愛自己，從現在開始。

孩子，我允許你不優秀，但不允許你沒教養

1

我們在海邊度假的時候，許多孩子一起在玩沙子。女兒一路小跑，準備去搶奪別人的玩具，我一把抓住女兒剛要落下的手，把她拉了回來。

女兒儼然已經是個「人精」，見到母親佯裝哭泣。她是篤定了她外婆會不由分說地責備我。

果然，母親說：「妳把孩子弄哭了，孩子搶玩具不正是孩子占有欲的表現？這是孩子的必經時期，不必大驚小怪。」

女兒看著我，露出得意的樣子。

我說：「三歲見老。不放大孩子的缺點，但也不縱容孩子的壞習慣。不被打，但也不能打人，這是一個人最起碼的教養。」

2

母親沒有吭聲。回去的路上，我和母親說了一個故事。

一個殘疾的小男孩，天生並不靈敏。他除了身體上的缺陷之外，似乎大腦的發育和接受新事物的能力也比較弱。他每一次考試都是班級最後幾名。

可是，他卻是班上人緣最好的。在小學的時候，他有很多朋友，外出秋遊的時候，總是有很多同學爭先恐後想幫他推輪椅。到了初中，每個生日，有很多同學給他禮物，他們邀請他去參加同學的生日聚會。

為什麼？

一，他對誰都很禮貌

他懂得愛人也愛己，他懂得接受時禮貌，拒絕時也彬彬有禮。

二，他為人不貪心

不貪心別人對他的愛，不貪心別人的玩具，他不會覺得自己殘疾而應該享受更多的愛，他常常一跛一跛地去集體活動，和那些快遲到了的同學說，沒事，我自己慢慢過去就成。他知道自己應該得多少，也知道別人應該得多少。

三，他懂得分享

每次母親給他的喜糖，他都會帶到學校，給同學吃，倒並不一定有多昂貴，也並不會多好吃，但是分享中建立的感情卻難能可貴。

母親說：「我知道妳說的是誰。前些日子，我在路上碰到他，看到他和一個警衛室門口的大叔在聊天。後來，警衛室門口的大叔說：『這樣一個有素質的男孩，根本不用擔心生計，走到哪裡，都有人願意幫助他。』」

這個男孩子並沒有傳統定義上的優秀，不能夠成為職場精英，也根本取得不了任何所謂的成績，更獲得不了有面子的工作。但是因為他的為人，也就是教養，使他過得並沒有那麼孤單。

一個人的能力決定了一個人飛得高不高，一個人的教養決定了一個人飛得遠不遠。

3

我認識一個培訓機構的校長。他以前在學校的時候做過一個研究。

他發現，一個班上，如果這個學生有足夠好的人緣，為人純良，那麼長大後必定能夠在社會上獲得一席之地。而那些成績優異但有些孤僻的孩子，可能在學校裡尚且出色，到了社會之後，除去一部分成為頂尖的科研人才，剩下的便沒沒無聞，甚至還有一些至今找不到一份好工作。

因為在社會上摸爬滾打很多年後，你就會發現，除去一部分智商卓著、能力超群的人，不需要比拚情商外，大部分人需要的就是拚人品。而這個人品，與他的成長環境、家庭教養密不可分。

如果說外貌是人的第一張名片，那麼教養是一生的盔甲。

我也有一種感覺，在我的學生時代，那部分與人為善、彬彬有禮、為人正直、勇敢果斷的同學，無論成績是否優異，在踏進社會之後，都能混得風生水起。而那一部分性格脾氣古怪或是伸手打人、張口爆粗的人，多年之後，依舊還是原來的模樣。

4

其實，到了我們這代人成為家長後，大部分人還是會不經意走了父母的老路，把大部分精力放在培養孩子的能力上，比如什麼時候會開口說話、什麼時候會走路、什麼時候會寫字、什麼時候會數數。但我們最不能忽略的，卻是在每一段時期，糾正孩子身上最不該有的習慣——暴力、搶奪和刁蠻。

我非常認同的一句話是：「窮養也好，富養也罷，但教養最不可缺。」

孩子從來不是我們的工藝品，但我們有責任讓孩子成為一個有教養的人。不磨平孩子的個性，也不縱容孩子的缺點。

未來的某一天，希望他活在人世，對於他自己，是一件高興的事，而對於人間，是一個美好的存在。

孩子，改變命運的不是知識，而是格局

前些日子，我受浙大校友會邀請，去參加讀書分享會。有一個讀者在分享會結束後，跑到我身邊問我，她的孩子今年二十歲了，成績非常一般，生怕她以後找不到好工作。

我說，每個孩子走的路都是不一樣的。一個人擁有良好的知識構架最好，實在不行，格局一定要大。

有一句話是，格局決定結局。一個人學習的終極目的是讓自己有美好的格局，而格局並不是僅僅透過知識來養成的。

她說：「如果妳是面試官，看到一個普通大學出來的學生和名校出來的，是不是一定會選後者？」

我說：「看人看格局。如果有格局的那個人，知識水平不至於太差的話，我會選擇那個有格局的人。告訴孩子，把格局做大，便四面來風。」

也真是非常巧，隨後，一個大學生跑過來，她是從別的學校過來聽我的講座，她說，今天來了浙大，渾身自卑氣質盡顯，覺得這輩子跟名校生的差距就放在那兒了，再也改不了了。

我看到小女孩的臉，告訴她：「別擔心，進入職場，看的是一個人的格局。」

為什麼要成為一個有格局的人？

因為有學歷，會讓你奪目，但有格局，會讓你在未來的路上走得更快、更遠、更酣暢淋漓。

當時我想起很多年前，發生在我身上的一件事。

人生唯一一次與名校生競爭，是在一次知名通信公司暑期實習的面試中，印象最深刻的，是我們同組的小芹。

面試的人很多，分成五個組，二十八個人一組，採用的是圓桌面試，二十多個人圍坐在一起，依次介紹，然後根據問題再作答。

當時，我們在最後一組，小芹是所有人中的最後一個，輪到小芹的時候，已經快十二點了。每個人都滔滔不絕地說著自己的優勢，和自己取得了怎樣的成績，說到最後幾個的時候，前面的人已經明顯有些懈怠，但為了更充足地表現自己，一部分人甚至在七分鐘的限定時間裡，還沒有回答完。

面試官始終保持微笑。大部分人都強打著精神，裝作非常認真。

輪到小芹了，她開口第一句話，不是任何恭維，而是一句「因為臨近午飯時間，我會在四分鐘內回答完所有的問題」。我看到面試官看了她一眼，笑著點了點頭。那一場面試結束，我和小芹順利通過了面試，獲得了實習機會。

後來，面試官在一次吃飯的時候告訴我，選我是因為知道我會寫，讀過我的文字，而選小芹，是因為覺得這個女孩的格局，比許多人都要大——懂得節約自己的時間，給別人帶來便利。

名校生確實有名校生的優勢，在某種程度上，它代表了知識和能力接受程度相對比較拔尖。在進入公司後，很快地，名校生和非名校生就會被放在同一個起跑線，慢慢地在你身上更多地烙下的是你的人品、你的人格、你的為人處事、你的行走道術。真正能夠讓一個人在公司裡更好生存的，從來不是學歷，而是格局。

教育的終極目的，是培養一個人的格局。

事實上，那一次進入面試的人中，百分之九十五的是名校生，只有百分之五的非名校生。但錄用的時候，總共二十人，非名校生卻占了百分之二十。而我們四個非名校生都在前十名，小芹則是所有人中面試分數最高的。

這件事，在後來的幾年裡一直留在我的腦海中。

或許，會有人提出這樣的疑問：其實，你無意間已經透露了，名校生擁有太多的機會，而非名校生在起步時就已經遜色了。但我想說，高學歷確實會給你帶來便利，而真正改變命運的，是你的格局。

這也就是為什麼很長一段時間，我都會固定一兩個晚上，把孩子放到一群同齡孩子中間，讓她去玩，去接受許多來自別的孩子的煩擾。很多時候，她總是哭著來求助，比如被這個孩子搶了玩具，又被另一個孩子推倒了。

我會和她說：「自己處理，媽媽看著妳處理完。」學會接受周遭的一切並與之和諧相處，才是一個人的本事。

而孩子在一次次的訓練中，慢慢地變得可以與同齡小孩在一起井然有序地玩，一度還成為許多孩子中的指揮者。

之前遇見過一個人，他算是這個故事中最極端的一個人物了。

他讓我知道，真正有格局的人，會像一個巨大的羅盤周旋在自己的身上，而他扶著那個羅盤，有資格把握自己的人生方向。認真地追求，但不刻意地需求；永遠關注大局，而不拘於小節；有大目標，絕不囿於眼前的一切。

他是一個老闆，小時候家裡苦，上不了學，加之在農村，一直到四十歲還是目不識丁。後來成了生意人，才勉強識幾個字。

有一件事一直流傳著，據說，以前手寫電話本的時候，他所有的電話本上都沒有名字，他用各種各樣自繪的圖案作為標誌，比如戴眼鏡的搞木材生意的老闆，他就畫一副眼鏡和一根木頭。他也不需要秘書寫，因為很多字，他就是記不住，寫了他也不知道念什麼。但他就從一個小小的推著手推車的生意人，變成了一個工廠的老闆。

那十年裡，他經常做三件事：

一，學會在自己的錯誤面前低頭

因為沒有文化，所以他一直保持比較謙卑的態度，謙卑不代表妥協，而代表好相處和有信譽。發現錢算錯了，第一時間上門認錯退錢，還主動要求賠償別人的損失。一來二去，那些客戶都成了他的朋友，他的朋友就越來越多。

二，不斷地磨礪自己的脾氣

真正的聰明人，不會隨便發脾氣。不觸碰底線時，絕不隨便發脾氣。有人說，總覺得他永遠笑嘻嘻的。而他曾經也說過，很多時候人前笑、背後哭，可還是願意抹抹眼淚，把好脾氣留給別人。是，你慢慢覺得自己開始能夠包容更多的事，而你歷經千山萬水，就有了十足的底氣。

三，不被眼前的利益所迷惑

其實，拉著手推車也是半個生意人，很多人開始不停地鑽國家政策的空子，打政策的擦邊球，做一些生意，看上去暢銷得快，事實上也衰敗得快。他說，人這一生就像一幢高樓大廈，你建得越穩，就可以蓋得越高。

所以，很多人遇見他，都覺得他是一個傳奇人物，沒有人會想到，這樣一個目不識丁的男人，最後成了一個小有名氣的生意人。

這個故事並不是渲染「知識無用論」，只是告訴大家，你高學歷也好，低學歷也罷，格局才是最重要的。學歷不夠，情商來湊，湊夠了格局，世界就是你的。

社會其實很殘酷。當你進入工作單位的時候，所有人都開始給你貼標籤，而第一張標籤是你畢業的學校。但你很快發現，在後來的日子裡，你的標籤就開始慢慢淡去，而工作留在你身上的，是更多的痕跡。

是，你為人處事的態度，其實藏著你的格局。

為什麼有些所謂的名校生，在工作幾年之後，就黯然失色？

為什麼有些並不被看好的非名校生，倒是成為了職場黑馬，一路向前？

你有沒有想過，職場從來不分名校生和非名校生，只分能幹的和不能幹的，而你的格局又注定著你能不能走更遠的路？

我曾經很喜歡《歡樂頌》裡關雎爾的角色，因為她代表了一部分平凡的女孩，透過自己的努力，在人山人海中，終於獲得了屬於自己的一切；她也代表了一部分讓自己有足夠格局的人，活出了不遜色於任何人的人生。

我曾經在一次讀書會中回答過一個讀者的問題，她問我：「妳在教育孩子的時候，最看重的是什麼？」

我說：「格局。」

因為人生就是一個巨大的書架，你要學會整理得乾乾淨淨，也要整理得恰到好處。把每一個人和每一件事都放在屬於它的位置。不隨意丟棄，也少有脾氣。在巨大的格局中，填充出屬於你的氣場，以及本該屬於她的或遠或近的距離。

在有容乃大的世界裡，活得本色和酣暢淋漓，或許，是我們每一個人自我教育的意義和教育下一代的終極意義。

為什麼隔代教養容易出「熊孩子」？

一個真實的故事。

三年前，在一個小型超市裡，一個三歲左右的小女孩脫下自己的褲子，淡定自若地蹲在兩排貨架中間小便。旁邊赫然站著她在買生活用品的外婆。一直到超市工作人員走過來，她的外婆才理直氣壯地說：「她只是個小孩，當然沒有控制能力。」

顯然，作為一個正常的三歲女童，已經具備大小便的控制能力，她沒有選擇詢問，而是下意識做出了這個決定，她的行為裡，顯然包含了長輩對她的教育。教育不是控制，而是讓她從小成為一個守規則的公民。

她潛意識裡認為，自己的認知就是正確的，所以無所謂任何顧忌。

非常無奈的是，在三天前，這個事情在我的女兒身上也差點發生了。

我和婆婆還有女兒在故宮遊玩，半路上，女兒突然說要小便。

婆婆說：「快快快，找個角落，讓她小便。」當時，隨行的導遊震驚得幾乎把嘴張成了「Ｏ」。我也非常驚訝。老實說，除去寫作之外的時間，大多數時候，都是由我自己帶著孩子，但我也明顯感覺到，自己每一次教育孩子的時候，長輩總是存在「放任自流」的想法。

我說：「公共場所不能隨地大小便，這是起碼的守則。」

我婆婆不管，一邊扒孩子的褲子，一邊說：「誰管一個小孩子，你們年輕人就是事兒多。」

我執意不肯，去附近借了一個塑膠袋，然後幫助女兒解決。我幾乎可以想像，如果當時我沒有在場，故宮的某個角落應該已經成為我女兒小便過的地方。而她們也很有可能成為那些不光彩的「網紅」——標題如「老人竟然帶孫女在故宮隨地大小便」。

隔代教養之殤，反映的是親子教育的缺位。然而，在我們大多數人都無力對孩子進行全方位教育的時候，增加親子教育的主動性，非常必要。「你看，你不也是隔代教養的產物，你也不是廢物啊！」這大概是我這些年聽得最多的話。但是，隔代教養出現熊孩子的機率實在太高了，有一句話非常對：「今天你不教育熊孩子，明天社會就會幫你狠狠教育他。」

隔代教養為什麼容易出熊孩子？

一，上一代人的規則意識嚴重欠缺

一個社會最大的文明，是在人情味的基礎上，更講究規則意識。而上一代人，他們本身的成長環境和自幼的教育體系裡，規則並不是最重要的，他們可以透過天羅地網的關係鏈，而獲得諸多便利，以及不斷弱化規則。

但他們忘了，有一句話是「性格的所有線索都可以追溯到童年」，孩子太熊造成的結果，或許可以用強大的人情來抵銷，但孩子不守規則，這件事一旦扎根在他的成長裡，總有一天，會吃盡不守規則的苦，而我們根本沒有辦法庇佑他們一路。

二，過分寬容又過分溺愛

「她還只是個孩子。」「你讓一個孩子怎麼辦？」一個孩子的有恃無恐，大多是因為她知道，自己犯了錯根本無須承擔責任，甚至於可以置身事外，許多家長便成為孩子的護身符。隔代教養尤其如此。因為上一輩人天生覺得對孩子的行為，可以聽之任之，只要沒有觸犯法律，都不算什麼過錯的想法，無意間讓孩子有了一種自我放縱。

我的車子曾經被一個孩子劃傷過。那時還是一輛新車，估計每一個買過車的人都有同感，最開始的幾個月，總是萬分細心，生怕有任何磕碰，如獲至寶地生怕有任何閃失。然而，一個熊孩子，我看著她用一把小刀從車子的一頭歪歪扭扭地劃到了另一頭。

我看到了，一邊跑出去一邊喊：「妳做什麼？」結果她奶奶跑出來，第一句話是：「妳叫什麼叫？賠妳油漆就是了。」

她父親大概也覺得孩子這樣不妥，伸手過來對孩子開始兇，奶奶一把把孩子摟進了懷裡：「你兇什麼？你賠錢就是了。」

哭笑不得。結果是，她父親跟我一起去補了漆。他說：「其實，妳已經不是第一個受害者了。我們根本沒有機會給孩子一點教訓。就連提高嗓音，她的奶奶都護著她。」

年紀越大，越容易與孩子有一種惺惺相惜的感覺，他們開始與社會脫離，他們在孩子身上更容易產生一種依賴和被需要的感覺，他們保護孩子，某種意義上，是透過孩子保護自己。

隔代教養的保護欲望，把愛護變成了溺愛。她或許不知道，沒有誰可以陪孩子走一路。而往後的人生，並不是所有人都會在犯錯之後，寬容他。

三，誤把孩子熊，當作是聰明

「孩子調皮，是因為在動腦筋，你別總是攔著她！」這樣的話我聽過太多遍了。

孩子在火車上大吵大鬧，不是活潑，是沒素質；孩子把水倒在別人的衣服上，不是在動腦，而是在搞破壞；孩子推倒別人辛辛苦苦搭了很多天的玩具，不是隨意，是沒教養。

而長輩往往覺得那些是可愛和聰明，甚至會告訴你「只有傻子才坐著不動」。可聰明一旦變成了自私和有恃無恐，很有可能「聰明反被聰明誤」。一個優秀的家長，會幫助孩子的靈氣和聰明用在該用的地方，而不是讓孩子的聰明變成傷害別人的方式。

當隔代教養成為孩子的主要泉源，其實，是下一代人性格成長和教育上的一個漏洞。

我們不可能二十四小時陪伴孩子，我們也有自己的工作和生活，但在有限的時間裡，我們放下手機、放下遊戲、放下許多無謂的事，去進行親子教育，必不可缺。

因為當隔代教養不得不進行時，加大親子教育的比例，是減少熊孩子的可能性的重要途徑。

生孩子重要，養孩子更重要。切斷熊孩子養成的根源，不僅僅是家教的體現，也是孩子修養的體現，若干年後，當孩子開始成人，希望他不會因為過去的放縱而走更多的彎路，也不會因為過去的任性在走入社會之後花費更多的力氣，去成為一個正常的，能夠讓自己喜歡的人。

而弱化隔代教養，正是我們這代人在養育孩子的過程中，任重道遠的事情，沒有之一。

父母情緒穩定，對孩子到底有多重要

1

父母情緒穩定，對孩子到底有多重要？這些年，許多教育界以及育兒界的人，一直在關注這個話題。

曾經有一個繪本《一生氣就大吼大叫的媽媽》，當時風靡一時，繪本的內容是，一隻小企鵝在面對媽媽發火時，嚇得魂飛魄散。最後，即使媽媽找到了小企鵝，但小企鵝受過傷害的心靈早已無法彌補。

大量的調查表明，父母情緒穩定，孩子更具幸福感以及安全感。

2

年少時，我碰到過一個男孩子，我們曾經一塊去上才藝班。他坐在我的身後，每天都高高興興的樣子，會偷偷拉我的辮子；下課的時候，拿走我的筆滿世界地跑，大聲地說「妳來追我啊」；他還要塞亂七八糟的紙條給我，上面畫著「豬」和「熊」，旁邊寫著我的名字。

我不喜歡他，因為他不給我面子地四處鬧，鬧得整個班級都知道我叫「豬」。這個每次都在我面前笑得滿地打滾的男孩子，有一天，突然間就消失了。兩個星期後，他回到我身後，就不說話了。

他沉默得如同一個戰士，每天下課後都安安靜靜地看書，上課也不會再扯我的辮子。他偶爾眼睛紅紅的，趴在桌上。

我也是小心翼翼問他，他才說他的父母在鬧離婚，他已經根本沒辦法回家了。

那一年，我們都十三、四歲。我第一次陪他走在回家的路上，他說，他非常想自殺。「他們兩個人以前不是這樣的。現在，總是吵架，吵完架，他們都生氣。母親會衝進我的房間，不停地給我挑毛病，我坐得不規矩，就打我的背，我頭離書本近，就不停打我的頭；她出去之後，我的父親就進來了，父親沉默地坐著，他坐在身後的時候，我不敢發出任何聲響，他脾氣也很壞。」

十三、四歲的人懂得什麼，他也沒有機會刨根問底父母到底怎麼了，而他看到的，就是一對整天對他大吼大叫的父母，以及一個惴惴不安的自己。

正好的一個對比是我幼年的一個鄰居。她的父母也離婚了，但她的情緒似乎沒有受到任何影響，我幾乎是見證她如何變成單親孩子的。

她的父母不動聲色地離婚，從不在孩子面前吵架。孩子跟了母親，她父親整理了很多衣物離開他們的家，還是她的母親幫忙收拾整理的，走的時候，父母還互相說著保重。這之後呢，每週她的父親都會來看望她們，偶爾還單獨帶著她出去玩。

這個孩子，情緒並沒有受太大的影響，每天還是高高興興地上學、放學，和我玩很多的遊戲。

3

父母情緒穩定，有時比父母恩愛更加重要。

父母恩愛，有時更多牽扯到父母雙方的獨立性，我們不能因為誰的存在而綁架了誰的感情，父母不應該被孩子綁架，孩子也不能被父母綁架；而父母情緒穩定卻是一種內在和外在的影響力，那是一種和教養、和氣場相關的事，你當下的情緒多穩定，孩子長大後的情緒就有多穩定。

我大學的時候，去少兒培訓中心上過課。

我發現，那些父母性格溫和、情緒平和的孩子身上，笑容更多，幸福感更強，抗挫折能力也更好，禮貌和教養一個也不缺，看待世界也更寬容。而那些父母性格強勢、情緒不穩定、動不動就大吼大叫的孩子，總是更容易走極端，以及缺乏一種對世界最起碼的安全感。

為什麼？因為父母手上如果時刻提刀，他們就會有更多地對於刀的恐懼，而這個刀就是父母的壞情緒。

張愛玲的筆下有刀，除了她對生活的敏銳度外，也與她的父母有關。母親黃逸梵與父親張志沂每日都是爭吵，爭吵，日益升級的爭吵，終至不可調和。所以，張愛玲筆下的一點點戾氣，來自於她年少的時候。

張家四姐妹永遠是一副歲月靜好的樣子，來源於她們的一對父母，永遠在她們面前情緒穩定、相敬如賓。

4

我始終覺得，父母情緒穩定，是第一位的。

身為父母總是容易焦慮，焦慮到自己都忍不住對自己咆哮。可是，孩子性格所有的線索都可以追溯到童年。

有一句話：「父母如果情緒穩定，孩子長大後，對人間瑣事就會更寬容，也更有幸福感。」

為什麼？

因為父母是孩子接觸到的最直觀的人際影像，他們對於人際關係和社交設定的來源往往來自於自己父母。父母給孩子的氣定神閒，會讓孩子更有機會，也更從容，更無所顧慮地去走向外面的世界。

不要讓你的情緒磨滅孩子通往美好世界的夢想。為人父母，情緒穩定而樂觀，才能讓他在最初狹小的世界裡，慢慢對自己進行構造。

外面的世界很殘酷，我們就溫暖一些，給孩子偶爾避避風雨，也有點陽光，來日給個擁抱，讓孩子走得更快也更穩。

你的生活品質裡，藏著孩子的未來

1

我二十歲的時候，常常和大琳交換夢想。

我說：「大琳，我要努力賺錢，希望有朝一日，父母可以搬出那間不到一百平方公尺的房子。也希望自己在四十歲的時候，能給孩子一間房子，這樣，無論將來他和誰在一起，都不至於露宿街頭。」

大琳說：「妳想得真遠。我的夢想，就是無論房子有多大，我都過得好好的。做一份自己喜歡的工作，不至於沒飯吃就好；每天出門一定要化好看的妝，偶爾去海灘邊，也要穿著比基尼，絕不允許自己有贅肉；等有了孩子，去帶他過自己能夠給他的好日子，去吃去玩也去周遊世界。」

那一年，我不太理解。後來才懂，所有懂生活的人，活在哪裡，都可以爛漫；所有不懂生活的，而囿於江湖。

2

關於大琳，我更喜歡大琳的母親。

我覺得大琳這一生最要感謝的就是她的母親。

幼稚園的時候，大琳在我隔壁班。我忘了第一次見到她的模樣，只是，我們所有人都知道：有一個每天都打扮得漂亮的小女孩，叫大琳。

她頭上的髮圈每過一段時間，都會有變化；她的衣服總是那麼特別，有蕾絲、有花紋，無可挑剔。而她的媽媽呢，總是塗著好看的口紅，無論春夏秋冬，都穿著一字裙，扭動著身體，然後側在教室門口喊「大琳」。

那時，常常穿著睡衣睡褲被丟進幼稚園的我們，總是一臉羨慕地看著大琳，像個仙女被自己的媽媽打扮著。

我和大琳認識，是因為一次美術比賽，我去她家一起準備作品。那是我第一次去她家。

「妳知不知道，一個家的容貌就是生活品質。」我常常想起這句話，也常常想起初見她家那種驚豔感。

她家是平房，我一直到逛完了整個房間，都不覺得氣派，後來我知道，她父母都是最普通的工人。可是，他們的陽台上整齊地放著花，六個顏色的花盆，井井有條地冒著生氣；他們的餐桌上，有一個九宮零食盒子，是她母親自己用廢紙疊起來的，裡面放著每天給大琳的必備零食；她也有一個小小的書桌，她的母親給她黏上了自己剪的窗花，每個角落都精緻無比。

那一天，大琳的母親給我吃了我從來沒有吃過的小花糕，是她自己親手做的。她說，那個米粉是她騎了一個多小時，去農村收購來的。做米糕最好。

我和大琳吃得非常高興。大琳說，她的母親總是這樣，好像總是要給予她最好的。

3

十幾歲的日子裡，大琳還是一個仙女一樣的存在。

她開始學樂器，也學英語，我們看著她上台表演，千奇百怪地心生憧憬。她會穿好看的衣服，哪怕開始有了胸脯，我們駝著背，而她總是高高揚著頭。她說：「母親說了，沒關係，女孩子總是會有變化的。」

她每次會揣著零用錢，帶我們去她最喜歡的小店。她去的小店都不便宜，我們喜歡吃六塊錢的炸雞腿，她卻總是喜歡帶我們搜羅一些所謂的高級食品店，我吃的第一顆進口果凍是她給我的，她說，那是她媽媽去外地出差帶來的。

她看各種各樣的兒童劇，每一次都是這樣，只要我們的城市裡有什麼兒童劇，第二天，我們就可以圍著她聽故事，一遍又一遍。

她父母後來做了小生意，然後一家搬出了那個小平房。我去參觀的時候，家裡已經布置好了。她母親種了一大片花，廚房很明亮，每個角落裡都綉著她母親親手製作的小心意——花紋也好，窗花也罷，不單調又有趣。

大琳說，母親給了她一面巨大的化妝鏡，給她穿衣打扮。那個鏡子非常大，而她母親說，希望大琳出門前，別邋裡邋遢才好。

4

其實，我從前不那麼羨慕大琳的，可是後來，我才發現，生活之後，我們之間的差距越來越大。

年輕最大的殘酷是過期作廢，而最大的美好的事，你留住的時候，就是紀念。

大學的時候，我們在不同的城市。我每一次見到大琳，總覺得這個女孩子，非常努力，也非常會過生活。在她的身上，我甚至找到了她母親年輕時候的樣子。

她每天必須把自己整理得井井有條，哪怕素顏的時候，也不允許臉上有一點點不妥；她經常會用自己工作賺來的錢，去買貴的衣服和貴的包，她說，人總是要學會愛自己，也要學會妝點自己；她很少吃垃圾食品，油炸的、燒烤的不碰，只是吃一些健康的小零嘴，她總說，別不信，好的食品會給妳的身體福報。

而有一天，我再在街上看到她的母親，終於相信了一句話：「你給孩子最好的教育，就是言傳身教。」

5

有一句話是：「你有多懂生活，孩子就有多愛生活。」而我也漸漸發現，孩子的生活品質，是追隨父母的，他刻在生活裡，於是長長久久地落在孩子的一生中。

父母有多精緻，孩子的未來就有多從容。父母的生活品質裡，藏著孩子的生活態度。

父母見過世面，對孩子到底有多重要？

1

我在西班牙旅行的時候，碰到一對中國父子。父親因為到歐洲出差，帶著孩子一路遊歷歐洲城市。

他的父親研究生畢業之後，赴國外工作，若干年後回到國內的一個大型企業工作。你可以感受到他身上的那種平和和從容，見過外面的世界，也知禮節。

孩子很開心，在高迪建築的展覽館出來之後，他的父親說：「我覺得今天兩個小時的參觀，收穫並不會比學校裡一學期的藝術課少。雖然我們請了假，但我們行萬里路，都是知識。」這是我第一次聽到有父親這樣讚嘆多元化培養的妥當。

吃飯的時候，他說了一段話，讓我印象深刻，他說：「我總覺得，我們那一代人，是有貧窮基因的，沒有良好的物質條件，也沒出去見過世面。這樣的基因，是囿於自身以及上一代人的局限。所以，一直到成年之後，我們都會有一種對生活的不安全感，希望拚命賺錢，希望出人頭地，拚命地用物質妝點自己。而我希望，下一代人，不會是這樣。」所以，他盡可能多地讓孩子去看外面的世界，見外面的人。

他的孩子今年十歲，衣著樸實，會坐長途巴士去巴黎，也可以用英語與人流利地交談，低調而內斂。

見到這對父子，我忽然覺得：父母見過世面，對孩子真的很重要。

2

有見識的父母，不等同於有錢的父母。他們往往具備的是：非常努力，也非常勤奮，有以此拚搏而來的經濟基礎，有後天他人和自我養成的教養，最重要的，是擁有對萬事萬物的平和。

他們讓孩子知道，一個人非常努力，是可以有機會成功的；一個人不應該囿於江湖，而是應該走南闖北；一個人不需要為了物質而束縛自己，有更廣闊的天空可以去走。

所以那些父母見過世面的孩子，更容易對物質保持一種天然的寧靜，對欲望有天生的收斂，對精神有無限的渴求。

因為他們從小不缺少物質，所以，不需要用買買買來滿足自己；因為從小被不斷地滿足，所以沒有那麼一刻會因為得到而炫耀；因為他們走過大山大水，所以不會局限於眼前的一切。

3

我的一個朋友，我們喜歡叫他小寧，現在他已經是企業的高階主管，比我大不了幾歲，他的身上，永遠藏著兩個字「見識」。

他一直到年收入八十萬的時候，依然開著一輛二十萬不到的車子；他聚餐的時候常常一身運動服，休閒得絲毫不像是主管；他也會去路邊燒烤攤吃串烤，和我們大快朵頤。他有很多朋友，在他眼裡，只有值得信賴和不值得信賴的朋友，沒有所謂的窮朋友和富朋友。

有一次，我們幾個朋友坐在他的車上，有一個朋友問：「你怎麼不換一輛車？實在太配不上你的身分了。」

他笑了笑，問：「身分是什麼？你可以告訴我嗎？」

那個朋友說：「身分就是，你現在好歹也算是個高階主管，至少要開一輛四十萬左右的車子啊。」

他打趣著說：「果然，我要更努力才是。因為，我看上去還需要用一輛車來裝飾。」

他的父親曾經也是一個某企業的小主管。

他說，他的父親非常喜歡讀書，在國家恢復高考後，立刻去考大學。他小時候，總是看到父親一個人在檯燈下看書，也不知道看書的父親幾點才入睡。父親後來成了小主管，沒有任何背景的父親，成了一家人的驕傲。

小寧說，那時，帶給他的並不僅僅是物質的滿足，而是他透過父親，堅定地覺得，自己的努力是可以改變命運的。

除此之外，他的父親還總是帶他去遊山玩水。以前父親出差，總是會帶著他，工作之餘，就帶他去遊玩。小寧說，那些年裡的日子，他比其他孩子幸福的，不是有沒有錢，而是發現自己走過了大山大水，變得開朗和從容。

「或許，我覺得物質可以滿足我，但並不是最能滿足我的，對於我來說，也不是那麼重要。

「到現在，我自己成了孩子的父親，我父親還是告訴我，作為父親，一定要足夠努力，給孩子優渥的環境，並且讓孩子知道透過努力，可以得到想要的一切；一定要給孩子廣闊的天地，而不是永遠讀書不去走路。」

小寧說，可能他們的家境並不是最優質的，但他自始至終仍然抱有謝意，因為父母讓他知道，從容地對待物質，努力地面對生活。

4

我現在盡可能地讓自己保持一種向上的姿態，我也很希望成為一個有見識的母親，在孩子眼中，是勤奮的、努力的、熱愛生活的，是可以不需要為萬事萬物所動，也不需要為任何事折腰，是有安全感的。

這樣，讓自己的女兒，也盡可能更好地面對未來的自己，不恐慌也不急躁。

我們所謂富養，其實更多地停留在物質上，是在極限的位置去拚命投食自己的孩子，這樣的結果，可能會讓孩子有一種感覺，這個世界所有好的一切，都應該是我的。

而真正的富養，是一種言傳身教，讓孩子在成長中，慢慢形成自身的價值觀，可以對物質有不動聲色的淡定。而父母就扮演了這個傳遞者的角色。

5

父母是孩子的終身相伴者，算不上導師，卻能風雨前行的那個人。作為父母，和孩子走一路的時候，必須跑得非常努力，這樣孩子才會努力跟上你的腳步。

成為一個有見識的父母，讓孩子懂得努力的意義，讓孩子知道未來的寬闊，讓孩子明白世界的廣袤，或許就真的會有平和的生活氣息和生機勃勃的勇氣。

身為父母，我們為什麼要很努力？

1

前些日子，我去小白的舞蹈工作室。看著她從小小的工作室，到如今有了大大的課堂，我跨越一座城市去見她，也為她由衷高興。

許久未見，我坐在她的辦公室等她，她長得越來越像她的母親蘇姨了，那個瘦削卻堅毅的女人。

小白曾經和我說，十八歲的她，或許堅定夢想的理由，就是看到了自己的父母。

我和小白年幼的時候就認識了，小白喜歡跳舞，在我們中規中矩的理解裡，一個人最好的途徑是讀初中、上高中、走進大學，然後去找一份工作。

然而，小白在考上普通高中的第二年，就轉去了藝校。所有人都不解。但讓許多人驚奇的，大概是她父母的態度。她的父母完全尊重她的決定，並全力支持她。

蘇姨攔住了所有的流言，她告訴小白，沒事，做喜歡的事，努力就好了，再不行，妳老媽在，有什麼好怕的。

她的父母生在農村，家境很苦，也是餓怕了，也窮怕了，於是兩個人跑到城裡開始打小工。後來呢，開始擺地攤；有了積蓄，開始開了個店鋪，專賣各種文具；再後來，她的父親有點美術功底，為人畫設計圖，後來又開起了裝潢公司。

「父母的努力，讓我知道，今天過得再苦，明天總會好起來。而父母給了我富足的生活，這在多年之後，讓我覺得有一種安全感，是父母帶給我的底氣，我知道無論我走到哪裡，都不用害怕。而我，也希望用自己的努力，給未來的孩子一個不慌張的未來。

「有一段時間很苦，苦的時候，就想想自己童年時父母的生活，再和當下比，就可以堅持下去了。」

我們只吃了一小時的飯，也沒有再多聊下去，她帶我去了她的新家，她的女兒正在玩新買的玩具，她也過上了同齡人中還算富足的生活。

2

身為父母，我們為什麼一定要很努力？

除了為了我們自己，也是為了孩子。

或許是為了讓孩子有更多生活的底氣；或許是為了讓孩子更從容地活下去；或許是為了讓孩子有更多生活的選擇；也或許是為了讓孩子一路風霜之後，有一間大大的房子，為她遮蔽雨露；以及為了讓孩子在多年之後，可以選擇自己喜歡的那個人，不必為了錢和地位，去滿足自己從未有過的虛榮。

但從某種意義上說，也是為了讓孩子知道，你拚命努力，就是當下最好的自己。

每個人身上的所有線索，都可以追溯到童年。而父母言傳身教的一切，或許對於每一個孩子來說，更有著刻骨銘心的記憶。因為她的成長記憶裡，是包含對父母的記憶，而父母越努力，孩子越容易在成年之後奮發向上。

3

我曾經聽過一個宣講會。一個女孩曾經是某個城市的高考前五名，站在台上分享自己的學習經歷。她衣著樸實，站在台上的她，說了一段話，大意是：

我的家境非常不好，父親早逝，對於母親來說，可能開家長會，才是最大的節日。因為那天，她作為一個優秀學生的家長，有資格變得驕傲。然而，我為自己的母親引以為傲，在我心中，她是個非常努力的成年人，為了讓我不遜於同齡人，打了好幾份工，然後家境就真的慢慢好起來了。她讓我知道，努力的話，生活總是會充滿希望的。

很多人說，對孩子最好的方式，是給孩子很多錢，也給孩子很多愛。當然，這很重要。但讓孩子看到，因為努力，生活會變得充滿希望，這個更加重要。

我想到很多年前，我的朋友因為獲得了一個很被認可的獎，有記者採訪她，問：「妳最崇拜的人是誰？」

她說：「我父親啊。」

記者問：「妳父親是誰？做什麼工作的？」

她說：「我父親曾經是一個打工的工人，現在是一個小老闆。他四十多歲的時候，企業倒閉，赤手空拳，又重新被丟回了社會。但他沒有洩氣，又意氣風發投入了進去，我們熬過了很艱苦的日子，苦到吃一個雞蛋，都分兩餐。在冷得瑟瑟發抖的冬夜，我和他去街邊賣皮帶，慢慢地，日子也一天天過去了，父親靠著積蓄開了個小超市，起早摸黑，生活也真的好起來了。」

4

我很欽佩的一個父親是張冀牖，著名張家四姐妹的父親。

有一段描寫是這樣的：張冀牖，一位開明的教育家，聽從蔡元培的建議先在上海辦學，後舉家遷到蘇州。張冀牖在蘇州辦學校，倡導新式教育，所辦樂益女中，曾聘請張聞天、柳亞子、葉聖陶、匡亞明等任教。樂益女中是新式學校，學生都剪短髮，還開運動會，演話劇。

然後，你在《浪花集》和《曲終人不散》裡，就可以看到一個父親在面對兵荒馬亂時的勇敢和對教育事業的執著，這在多年之後四姐妹的敘述中，依然表露無遺。那種對父親的敬意，或許也是貫穿在張家四姐妹未來生活中的很多年，然後長成了許多人都鍾愛的樣子。

5

身為父母，或許我們大多數人，都是平凡人，但這並不妨礙我們不停地向前奔跑。為了自己，也為了給孩子一個能夠給的最好的未來，我們必須不斷努力前行。這樣的未來，除了物質，大概也是給予他最近距離的人生鼓勵，告訴他，生活從來都是在自己的手上，你的未來，都在你的努力之上。你的努力有多少，你的步伐就有多遠。

歲月無情，但努力是有情的。而告訴孩子努力的意義，也是我們為人父母、教育孩子的最大意義。

國家圖書館出版品預行編目資料

別讓你的善良為愚蠢買單／謝可慧著.
--初版.--臺北市：平安文化. 2018.10
面；公分（平安叢書；第0610種）（UPWARD；94）

ISBN 978-986-96782-7-8（平裝）

1.人生哲學 2.生活指導

191.9　　107015895

平安叢書第0610種
UPWARD 094
別讓你的善良為愚蠢買單

作　　者—謝可慧
發 行 人—平雲
出版發行—平安文化有限公司
台北市敦化北路120巷50號
電話◎02-27168888
郵撥帳號◎18420815號
皇冠出版社(香港)有限公司
香港銅鑼灣道180號百樂商業中心
19字樓1903室
電話◎2529-1778　傳真◎2527-0904
出版主管—龔橞甄
責任編輯—張懿祥
美術設計—王瓊瑤
著作完成日期—2017年7月
初版一刷日期—2018年10月
初版五刷日期—2021年06月
法律顧問—王惠光律師

讀者服務傳真專線◎02-27150507
電腦編號◎425094
ISBN◎978-986-96782-7-8
Printed in Taiwan
本書定價◎新台幣280元/港幣93元